Bernd Hendricks / Hartmut Kowsky-Kawelke

Factory Shopping zwischen Rhein und Weser

D1641144

Bernd Hendricks
Hartmut Kowsky-Kawelke

Factory Shopping
zwischen
Rhein und Weser

183 mal Kaufen ab Fabrik

grafit

© 1992 by GRAFIT Verlag GmbH,
Wellinghofer Str. 205, 4600 Dortmund 30
Alle Rechte vorbehalten.
Kein Teil dieses Buches darf in irgendeiner Form (Druck, Fotokopie oder in einem
anderen Verfahren) ohne schriftliche Genehmigung des Verlages reproduziert
oder unter Verwendung elektronischer Systeme verarbeitet, vervielfältigt oder
verbreitet werden.
Alle Angaben nach bestem Wissen, aber ohne Gewähr.
Satz und EDV-Aufbereitung: Knipp Satz und Bild digital, Dortmund
Druck und Bindearbeiten: Clausen & Bosse
Redaktionsschluß: 31.8.1992
ISBN 3-89425-251-0
1. 2. 3. 4. 5. / 93 92

Inhalt

Vorwort

Wenn unsere Kinder neue Schuhe benötigen, fahren wir nach Kleve zu Bause oder zur Firma Elefanten-Schuhe. Wenn wir einen Kindergeburtstag vorbereiten, kommen die Süßigkeiten aus Mülheim/Ruhr von Wissoll. Regelmäßig besuchen unsere Familien den Factory-Shop von Esprit in Ratingen und den von Oilily im niederländischen Alkmaar. Und so weiter...

Beim „Fabrikverkauf" können wir eine schöne Summe Geld sparen. Unsere Erfahrungen und die Erfahrungen vieler Freunde, Bekannter und der Menschen, die wir während unserer Recherchen kennengelernt haben, sind in dieses Buch geflossen. Über 400 Firmen haben wir in den letzten Monaten besucht, die Adressen und die Möglichkeit des Einkaufens ab Fabrik überprüft, manchmal eingekauft, uns gefreut oder auch geärgert.

Gefreut haben wir uns über die vielen Möglichkeiten des Einkaufs ab Fabrik. Wenn wir „Fabrik" oder „Werk" schreiben, meinen wir nicht immer die dunkle Halle hinter hohen Mauern. Manchmal fanden wir ein kleines Depot oder einen kleinen Laden vor, manchmal trafen wir tatsächlich auf eine staubige Lagerhalle, einmal sogar auf ein richtiges Schloß. Der Verkauf ab Fabrik besitzt viele Gesichter.

Geärgert haben wir uns über Pseudo-Fabrikverkäufe. Denn manche Unternehmen werben großartig für ihren Verkauf ab Fabrik bzw. für ihren Resteverkauf. Aber im Verkaufsraum merkt man schnell, daß sich die Preise nicht von denen im Einzelhandel unterscheiden.

Wir lernten das Land Nordrhein-Westfalen hinter Fabriktoren kennen: Möbel aus Ostwestfalen, Textilien aus dem Münsterland, Wurst und Fleisch aus dem Ruhrgebiet, Schokolade und Gebäck aus dem Aachener Raum und Schuhe vom Niederrhein offenbaren eine ganz neue Geographie.

Die nachfolgenden, in diesem Buch häufig verwendeten Begriffe und Symbole seien hier zum besseren Verständnis erklärt:

Waren: Unter diesem Begriff werden die hauptsächlich zum Verkauf angebotenen Produkte bzw. Produktgruppen aufgelistet.

Qualität: 1a-Qualität und 1. Wahl ist die Bezeichnung für tadellose Produkte. Bei dieser Gruppe geben die Hersteller meist Preisnachlässe, die etwa der Handelsspanne entsprechen. Bei modischen Produkten, vor allem bei Kleidung, werden ausgelaufene Kollektionen des

Vorjahres angeboten. Diese Kollektionen und Fehlerwaren sind zum
Teil bis zu 50 % preiswerter als im Einzelhandel.

1b-Qualität, 2. Wahl und *Fehlerware* meint minderwertige Ware, die nicht
mehr in den Handel gelangt. Die Funktion der Ware wird von den
Fehlern meist nicht beinträchtigt.

Sparmöglichkeit/Preise: Dies bezieht sich immer auf den während der Recherche aktuellen Ladenverkaufspreis. Angegebene
Preise sind Preisbeispiele, die auf unseren Recherchen beruhen.

Verkaufsadresse: Das ist die Adresse des Ortes, wo der Verkauf
stattfindet: Ladenlokal/Lagerhalle auf dem Werksgelände, Geschäft vor oder am Werk, Geschäftslokal außerhalb des Werkes.

Telefon: Unter den angegebenen Telefonnummern kann jeder
Interessent zusätzliche Informationen über den Verkauf und das
Warenangebot erhalten. Bei manchen Firmen empfehlen wir, zunächst
anzurufen, bevor die Reise zur Fabrik unternommen wird. Denn manche Unternehmen verkaufen nur nach Vereinbarung.

Verkaufszeiten: Hier sind die Öffnungszeiten des Fabrikverkaufs
aufgeführt.

Anfahrt: Zur Orientierung sind die dem Verkaufsort nächstgele-
genen Autobahnabfahrten und die im folgenden einzuschlagen-
den Richtungen genannt.

Die Bedingungen für Verkäufe ab Fabrik ändern sich rasch, weil sich
das Warenangebot schnell ändert. Bedingungen, die wir zur Zeit unserer Recherche vorfanden, können sich in der Zwischenzeit geändert
haben. Garantien für die Richtigkeit der gemachten Angaben können
wir deshalb leider nicht übernehmen.

Für die Mitteilung von Änderungen und Ergänzungen sind wir
ebenso dankbar wie für die Zusendung von weiteren Tips über Verkäufe ab Fabrik in Nordrhein-Westfalen und drumherum.

Bernd Hendricks/Hartmut Kowsky-Kawelke

183 Schnäppchen zwischen Rhein und Weser

Aachen

Aachener Printen- und Schokoladenfabrik Lambertz

Irgendwann werden sie weich

Aachener Printen gehören unter den Weihnachtsbaum wie Nürnberger Lebkuchen und Lübecker Marzipan. Und jedes Jahr denkt man wieder, irgendwann werden sie weich. Omas, die immer ein Geheimrezept auf Lager haben, stecken die Dinger schon im Herbst in eine Blechdose. Auch zum Einkauf bei Lambertz gehört dieser Tip: möglichst noch im Herbst einkaufen, denn vor Weihnachten wird es immer voller.

 Gebäck und Printen, Dominosteine und Spekulatius.

 1. Wahl-Ware in 200g- und 400g-Packungen, Bruchware.

 etwa 30 %.

 5100 Aachen, Borchersstr. 18, Verkaufsraum auf dem Werksgelände.

 0241/8905-0.

 Mo-Fr 9.00-18.30 Uhr, Sa 9.00-14.00 Uhr.

 A 44 Düsseldorf-Aachen, AK Aachen Richtung Heerlen-Maastricht, Ausfahrt Aachen-Laurensberg, Richtung Technische Hochschule.

Aachen

Aachener Wäschefabrik Schlichting

Alles für den Herrn

Die Aachener Wäschefabrik ist ein echter Geheimtip. Ein Marken-Seidenhemd ab 59 DM, ein Marken-Baumwollhemd ab 49 DM. Das sind nur zwei Posten aus einer ganzen Liste, in der noch Pullover, Krawatten, Herrenhosen, T-Shirts und sonstige Herrenoberbekleidung stehen. Über den Daumen gepeilt ist die Wäschefabrik an der Krefelder Straße rund 30 % billiger als Vergleichbares im Fachhandel.

Herrenoberbekleidung.

 Handelsware, 2. Wahl-Ware mit kleinen Fehlern.

 etwa 30 %.

 5100 Aachen, Krefelderstr. 147.

 0241/151041.

 Mo-Fr 9.30-18.00 Uhr, Sa 10.00-13.00 Uhr.

 A 44 Düsseldorf-Aachen, AK Aachen Richtung Heerlen-Maastricht, Ausfahrt Würselen, Richtung Zentrum, Krefelder Straße.

 gesamte Crux-Gebäckpalette.

 1. Wahl-Ware, Bruchware.

 etwa 30 %.

 5100 Aachen, Borchersstr. 18, Verkaufsraum auf dem Werksgelände.

 0241/890539.

 Mo-Fr 9.00-18.30 Uhr, Sa 9.00-13.00 Uhr.

 A 44 Düsseldorf-Aachen, AK Aachen Richtung Heerlen-Maastricht, Ausfahrt Aachen-Laurensberg, Richtung Technische Hochschule.

Aachen

Crux-Gebäck

Nüsse und Honig

Die Hauptbestandteile sind immer wieder Nüsse und Honig. Auf der Zuckerbäckerhauptstraße in Aachen, der Borchersstraße, produzieren die Keks- und Biskuitfabriken aus diesen Zutaten die raffiniertesten Stücke: Nuß-Honig-Printen, Kokosmaronen, Spekulatius und vieles mehr. Wer für die Feiertage viel von dem süßen Zeug braucht, sollte sich frühzeitig eindecken.

Aachen

Dechamps Textil AG

Hosen ab sieben

Ab sieben Uhr können hier schon Hosen für Damen und Herren gekauft werden, in Nähe des Brander Waldes im reizvollen Aachener Umland. Ab Größe 36 sind Damenhosen zu haben, neben Herrenhosen auch Sakkos und Anzüge. Nach dem Einkauf in die Stadt fahren, den alten Aachener Dom besuchen oder das einzige Computermuseum Deutschlands; dies sind Erlebnisse, die den erfolgreichen Kauf der 1b-Ware abrunden.

 Damen- und Herrenhosen, Sakkos, Anzüge.

 1b-Ware aus der aktuellen Kollektion mit Fehlern.

 etwa 25 %.

 Dechamps Textil AG, 5100 Aachen, Eilendorfer Str. 215, Verkaufsraum auf dem Werksgelände.

 0241/51801-0.

 Mo-Do 7.00-15.30 Uhr, Fr 7.00-14.30 Uhr.

 A 44 Jüchen-Aachen, Ausfahrt Aachen-Brand.

Aachen

Montanus GmbH

Für den elegant-sportlichen Mann

Alles, was der Mann oben drüber trägt, Anzüge, Hosen, Sakkos und vieles mehr, produziert Montanus in Aachen. Und jeweils mit dem sportlichen Pfiff. Die Aachener Kleidermacher machen selbst

Marken und liefern anderen Marken zu. Hier lohnen besonders die Angebote mit kleinen Fehlern. Ansonsten gibt es rund 25 % Preisnachlaß.

 Herrenoberbekleidung.

 1. Wahl-Ware, selten 2. Wahl mit kleinen Fehlern.

 etwa 25 %.

 5100 Aachen, Kurbrunnenstr. 18, Verkaufsraum auf dem Werksgelände.

 0241/65087.

 Mo-Do 8.00-13.00 Uhr / 14.00-17.00 Uhr, Fr 8.00-13.00 Uhr.

 A 44 Düsseldorf-Aachen oder A 4 Köln-Aachen, AK Aachen Richtung Heerlen-Maastricht, Ausfahrt Würselen, Richtung Zentrum, hintern Kurgarten links, nach HBF Kurbrunnenstr.

Aachen

Regent Schokoladenfabrik

Die Markenmacher

Hinter den Toren der Regent Schokoladenfabrik werden Marken gemacht. Regent Schokolade steckt in den Tafeln von Trumpf, Novesia, Sacher, Mövenpick und anderen. Und alle diese Marken kann der Kunde natürlich ab Fabrik kaufen, mit etwa 25 % Preisabschlag. Allerdings nicht mehr, weil hier kein Schoko-Bruch in der Werksladen kommt.

 Schokolade und Pralinen von Trumpf, Mövenpick, Novesia und Sacher.

 Handelsware, fast kein Schoko-Bruch.

 etwa 25 %.

 5100 Aachen, Borchersstr. 20, Verkaufsraum auf dem Werksgelände.

 0241/89502.

 Di/Do 11.00-12.30 Uhr.

 A 44 Düsseldorf-Aachen, AK Aachen A 4 Richtung Heerlen-Maastricht, Ausfahrt Aachen-Rothe Erde

Aachen

Trumpf Novesia

Mmmmmhhhhh, Sacher Schokolade

Die Tafel Sacher Schokolade läßt das Wasser im Mund zusammenlaufen, die Schogetten laden zum Zugreifen ein, und die Pralinentheke zieht verführerisch an. Bei Trumpf Novesia in Aachen muß man oder frau einfach schwach werden. Und die Preise im Verkaufsraum auf dem Werksgelände sind günstig: 900 g Pralinen für 5 DM. Mmmmhhhh. Und bei Bruch oder Verpackungsfehlern kann nochmal gespart werden.

 lose Pralinen, Pralinenpackungen, Schokolade.

 1. Wahl, Bruch und Verpackungsfehler.

 lose Pralinen 900 g/5 DM.

 5100 Aachen, Borchersstr. 20, Verkauf auf dem Werksgelände.

 0241/89502.

 Di/Mi/Do   11.00-12.30 Uhr.

 A 4 Köln-Aachen, A 44 Düsseldorf-Aachen, Ausfahrt Aachen-Rothe Erde.

Tuchfabrik J. Königsberg GmbH

Zweireiher dreistellig

Zweireiher, dunkle Anzüge in klassischer Form gibt es oft zu dreistelligen Summen, aber selten zu 150 DM. Und zwar als 1. Wahl-Ware der auslaufenden Kollektion, manchmal auch mit kleinen Fehlern. Gezahlt werden kann auch mit Scheck. Achtung: Nicht immer sind in der Königsberg-Tuchfabrik Stoffe zu haben. Der Verkauf ist samstags. Wer an diesem Tag in die Aachener City will, sollte beachten, daß die Aachener dann ihre autofreie Innenstadt genießen.

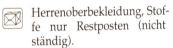

Herrenoberbekleidung, Stoffe nur Restposten (nicht ständig).

Handelsware, teilweise aus ausgelaufener Kollektion.

25-30 %.

5100 Aachen, Kalkbergstr. 49-53, Verkaufsraum auf dem Werksgelände.

0241 / 5599-0.

Sa 9.00-12.00 Uhr.

A 44 Düsseldorf-Aachen oder A 4 Köln-Aachen, AK Aachen Richtung Zentrum, Ausfahrt Rothe Erde, Richtung Eilendorf.

Alma Küchen

Handelsspanne an den Kunden

Über 60 verschiedene Küchen stehen in der Angebotsliste des westfälischen Küchenherstellers in Ahaus. Auf dem Werksgelände richteten die Möbelmacher in den letzten Jahren einen Verkaufsraum ein. Hier gibt es nur 1. Wahl-Qualität, aber Alma Küchen gibt die Handelsspanne an den Kunden weiter: So können rund 25 % gegenüber dem Einzelhandel gespart werden. In Recklinghausen wurde auch noch ein Direktverkauf eingerichtet.

rund 60 verschiedene Küchenmodelle, komplett und Einzelteile.

auschließlich 1. Wahl-Qualität.

rund 25 % gegenüber Ladenverkaufspreis.

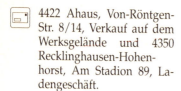 4422 Ahaus, Von-Röntgen-Str. 8/14, Verkauf auf dem Werksgelände und 4350 Recklinghausen-Hohenhorst, Am Stadion 89, Ladengeschäft.

 02561/694-0.

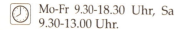 Mo-Fr 9.30-18.30 Uhr, Sa 9.30-13.00 Uhr.

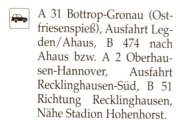 A 31 Bottrop-Gronau (Ostfriesenspieß), Ausfahrt Legden/Ahaus, B 474 nach Ahaus bzw. A 2 Oberhausen-Hannover, Ausfahrt Recklinghausen-Süd, B 51 Richtung Recklinghausen, Nähe Stadion Hohenhorst.

 Waschmaschinen, Einbaukühlschränke.

 1. Wahl, Geräte mit Lackfehlern eigentlich nur an Betriebsangehörige.

 rund 20 %.

 4730 Ahlen/Westf.(Industriegebiet-Ost), Volterstr. 55, Verkauf aus Lagerhalle im Werk.

 02382/780-0, Service 780245 o. 780292.

 nach telefonischer Vereinbarung.

 A 2 Oberhausen-Hannover, Ausfahrt Beckum, Richtung Ahlen.

Ahlen

Blomberg-Werke

Vom Katalog ab Fabrik

Wer eine Waschmaschine vom Blomberg sein eigen nennen will, muß zunächst zum Telefon greifen. 02382/780245 wählen und der Kundenservice steht zu Diensten. Dort kann der Katalog angefordert werden. Aus dem Katalog sucht man oder frau aus und vereinbart alles weitere telefonisch. Denn eigentlich gibt es bei Blomberg keinen Verkauf ab Fabrik...

Arnsberg

Wepa-Papierfabriken

Toilettenpapier – verdruckt

80 Rollen Toilettenpapier für etwas über 20 Mark oder für denselben Preis 5000 Papiertaschentücher – das sind die Preise, die man in der Lagerhalle im sauerländischen Müschede auf den Tisch legt. Das Toilettenpapier ist ok und die Papiertaschentücher auch. Die einzige Macke: der Druck auf der Verpackung ist nicht korrekt.

gesamte Wepa-Palette: Toilettenpapier, Haushaltspapier, Papiertaschentücher, Handtuchpapier etc.

 1. und 2. Wahl-Waren.

 25 %, z.B. 80 Rollen Toilettenpapier 21 DM + Mehrwertsteuer.

 5760 Arnsberg 18 (Müschede), Rönkhauserstr. 76, Lagerhalle auf dem Werksgelände.

 02932/307-0.

 Do 13.30-14.30 Uhr.

 A 44 Dortmund-Kassel, AK Werl Richtung Arnsberg (A 445), Ausfahrt Arnsberg-Hüsten, Richtung Müschede.

Bad Driburg

Walter Glas GmbH

Haushaltsglas aus Siebenstern

40 % Ersparnis gegenüber dem Fachhandel wird bei Walter Glas im Bad Driburger Stadtteil Siebenstern gegeben. Es sind Schalen und Teller aus auslaufenden Kollektionen oder aus beschädigten Verpackungskartons. Zudem offeriert Walter Glas noch Sonderangebote.

 Glaswaren.

 1. Wahl-Ware, 2. Wahl-Ware, auslaufende Kollektionen.

 rund 40 %, z.B. Glasschale ab 10 DM, Teller ab 3 DM.

 3490 Bad Driburg (Siebenstern), Glashüttenweg 3, Verkaufsraum auf dem Werksgelände.

 05253/85-0.

 Mo-Fr 9.00-12.00 Uhr / 14.00-17.00 Uhr.

 A 44 Dortmund-Kassel/ AK Wünneberg-Haaren A 33 Richtung Deetmold, Ausfahrt Paderborn-Zentrum, dann B 64 Richtung Bad Driburg, Driburg-Siebenstern.

Bad Essen

Hoffmann Lederhandschuhe

Warmes für die Finger

Im Sommer denkt man nicht daran, aber im Winter werden die Handschuhe manchmal schmerzhaft vermißt. Gefütterte (und natürlich auch ungefütterte) Lederhandschuhe verkauft Hoffmann in Bad Essen am Rande des Wiehengebirges. Mit Preisabschlägen von über 50 % für die fein gegerbte Ware lohnt sich hier der Einkauf. Herrenhandschuhe, die im Fachhandel rund 100 DM kosten, sind im Laden am Werk für 40 DM zu haben.

 Lederhandschuhe für Damen und Herren.

 1. Wahl-Ware, kaum Fehlerware.

 etwa 40-50 %.

 4515 Bad Essen, Wittekindstr. 9, Verkaufsraum auf dem Werksgelände.

 05472/2174.

 Mo-Fr 9.00-15.00 Uhr.

 A 30 Osnabrück-Bad Oeynhausen, Ausfahrt Melle/Drantum, Richtung Bad Essen.

Bad Honnef

Birkenstock-Schuhe

600 Paar sind immer da

Die begehrten Markensandalen von Birkenstock sind hier – als 1b-Ware – ein Viertel billiger. Im Verkaufsraum vor dem Werksgelände lagern ständig 500 bis 600 1b-„Birkenstöcke". Für 1. Wahl-Ware wird kein Preisnachlaß gewährt. Hier kann mit Scheck und mit Kreditkarte gezahlt werden.

 viele verschiedene Schuhe für Damen, Herren und Kinder: Schnürschuhe, Sandalen, Stiefel, Hausschuhe.

 1b-Ware, 1. Wahl-Ware.

 bei 1b-Ware ca. 25 %, bei 1. Wahl-Ware kein Preisnachlaß.

 Birkenstock-Schuhe, 5340 Bad Honnef, Lohfelder Str. 22, Laden vor dem Werksgelände.

 02224/777-0.

Mo-Fr 9.00-18.30 Uhr, Sa 9.00-13.00 Uhr.

 A 3 Köln-Frankfurt, Ausfahrt Bad Honnef.

Bad Laer

Nordwestdeutsche Bettwarenfabrik Heimsath

Frau Holles Lieblingsfabrik

Frau Holle könnte hier ihr Leben lang schütteln, und das zu einem Drittel Preisnachlaß. Hier gibt es mit Federn und Daunen gefüllte Bettwaren. Wenn Frau Holle Einzelhändlerin wäre, könnte sie in der Lagerhalle auf dem Fabrikgelände zugreifen. Privatkunden dürfen aber auch mal unverbindlich reinschauen. Oftmals liegen hier Restposten und 1b-Ware mit kleinen Fehlern.

 Feder- und Daunenbettwaren.

 Verkauf von 1a-Ware an Einzelhändler, Reste bzw. 1b-Ware auch an Privatkunden.

 etwa 25-30 %.

 4518 Bad Laer, Paulbrink 5, Verkauf auf dem Werksgelände.

 05424/9021.

 Mo-Fr 7.00-12.00 Uhr / 13.00-16.00 Uhr.

 A 1 Dortmund-Bremen, Ausfahrt Ladbergen, B 475 Richtung Warendorf, bei Glandorf Richtung Bad Laer.

Bielefeld

Arnold Holste GmbH

Waschmittel aus der Seidenstadt

Bielefeld ist die Seidenstadt. Ein Schild am Hauptbahnhof und einige Fabriken erinnern an die Seidenwebertradition. Wo Stoffe hergestellt werden, existieren auch Fabriken, die die entsprechenden Reinigungsmittel herstellen: Seifenfabriken. Zum Beispiel die Arnold Holste Seifenfabrik, ihr Standort ist direkt in der Innenstadt. Bei Holste gibt es Waschpulver in Drei- oder Zehn-Kilo-Packungen, Weichspüler und sonstige Putzmittel.

Wasch- und Putzmittel.

 Handelsware.

 rund 25-30 %.

 4800 Bielefeld, Sudbrackstr. 3, Verkauf auf dem Werksgelände.

 0521/520750.

 Mo-Sa 8.00-16.00 Uhr.

 A 2 Oberhausen-Hannover, Ausfahrt Bielefeld-Zentrum, Richtung Hauptbahnhof.

Bernhard Corde
Damenblusen

Wenn, dann lohnenswert

Bei Corde muß man einfach mal anrufen, wenn man in die Nähe kommt oder in der Nähe ist. Will man zum Beispiel im Teutoburger Wald wandern oder man interessiert sich für das einzige Fahrrad-Parkhaus in Deutschland, das in Bielefeld steht. Die Damenblusen-Fabrik Bernhard Corde verkauft ihre Ware nicht nach festen Zeiten, sondern dann, wenn ein Kollektion ausläuft, direkt auf dem Werksgelände.

 Damenblusen.

 2. Wahl, auslaufende Kollektion.

 bis zu 30 %.

 4800 Bielefeld, Bollbrinkersweg 5, Verkauf auf dem Werksgelände.

 0521/15977.

 nach Warenangebot, vorher unbedingt anrufen.

 A 2 Oberhausen-Hannover, Ausfahrt Bielefeld-Sennestadt, Richtung Innenstadt/Bethel.

C. A. Delius
Seidenweberei

Acht Mark pro Meter

Die Seidenweberstadt ohne Verkauf hinter den Fabrikmauern? Undenkbar. Hier sinkt der Meterpreis für Möbelstoffe auf 8 DM. Die Deko-Stoffe, die in der Lagerhalle liegen, sind Restposten oder gehören einer auslaufenden Kollektion an. Sie sind aber alle 1. Wahl, also ohne Fehler.

 Deko-, Möbel-, Ober- und Futterstoffe sowie Gardinen.

 1. Wahl-Ware, alte Kollektionen, Restposten und Auslaufmuster.

 bis zu 30 %.

 4800 Bielefeld 1, Goldstr. 16-18, Verkauf auf dem Werksgelände, Hintereingang Güsenstraße.

 0521/543-0.

 Di/Do 14.00-18.00 Uhr.

 A 2 Oberhausen-Hannover, Ausfahrt Bielefeld, Richtung Zentrum.

Bielefeld

Goldstein Tiefkühltorten

Fehler in der Garnierung

Am Freitag zwischen 12.30 und 13.30 Uhr ist in der Fabrikstraße in Senne der Teufel los. Eine Riesentraube von Menschen verlangt nach den Goldsteinschen Tiefkühltorten. Das Wochenende

steht schließlich vor der Tür, und Sontag muß die Torte auf den Kaffeetisch. Bei Preisen von 2 bis 10 DM für eine ganze Torte ist der Andrang nicht verwunderlich, trotz der Fehler in der Garnierung.

 Tiefkühltorten.

 vorrangig 2. Wahl mit kleinen Fehlern in der Garnierung.

 Torten von 2 bis 10 DM.

 4800 Bielefeld-Senne, Fabrikstr. 32, Verkaufsraum auf dem Werksgelände.

 0521/40419-0.

 Fr 12.30-13.30 Uhr.

 A 2 Oberhausen-Hannover, Ausfahrt Bielefeld-Sennestadt, Hauptstraße Richtung Senne.

Bielefeld

Seidensticker

Nachtwäsche für Mitarbeiter

Nur für Mitarbeiter und deren Angehörige gibt das berühmte Textilunternehmen Hemden und

Nachtwäsche ab. Trotzdem sollte man mal anrufen und seine Wünsche äußern. Vielleicht hat die Firma auch für anreisende Seidensticker-Freunde ein Herz und eine Reihe 1b-Produkte mit kleinen Material- und Webfehlern. Auf jeden Fall gibt es feste Verkaufszeiten.

 Hemden und Nachtwäsche.

 1b-Ware mit kleinen Fehlern.

 etwa 25 %.

 4800 Bielefeld, Herforder Str., Verkaufsraum auf dem Werksgelände.

 0521/306-0.

 Mo/Mi/Do 9.00-15.00 Uhr, Di 13.00-15.00 Uhr, Fr 9.00-12.00 Uhr

 A 2 Oberhausen-Hannover, Ausfahrt Bielefeld-Zentrum Richtung Stadtmitte.

Bielefeld

Strunkmann und Meister GmbH

Stoffe nur einmal im Jahr

Wie ein Festtag: Stoffe werden nur einmal im Jahr feilgeboten, am letzten Donnerstag im November, und zwar open end, bis der Verkaufsraum leergefegt ist. Hier gehen alte Kollektionen, Restposten und Stoffe mit kleinen Fehlern über die Ladentheke. Dafür ist der Preisnachlaß höher als in anderen Fabriken der Seidenweberstadt: 35 % und darüber.

 Bett- und Tischwäsche, Stoffe (Meterware).

 alte Kollektionen, Restposten an Stoffen, 1b-Ware mit kleinen Fehlern, Auslaufmodelle.

 35 % und darüber.

 4800 Bielefeld, Herforderstr. 153, Verkaufsraum auf dem Werksgelände.

 0521/3035-0.

 nur einmal im Jahr, Beginn letzter Do im November.

 A 2 Oberhausen-Hannover, Ausfahrt Bielefeld, Richtung Zentrum.

Bielefeld

Verse Blusen Wieben

Blusen, Blazer, Bielefeld

Gemischtes Angebot bei Verse Blusen Wieben in Sachen Damenoberbekleidung. Jacken, Blusen, Stricklook bis zu 30 % billiger, meist Ware mit kleinen Fehlern, die die Kundin oder der Kunde aus der Lagerhalle fischen kann. Hier bar bezahlen.

 Röcke, Hosen, Jacken, Jerseykleidung, Blusen, Blazer, Stricklook.

 1b-Ware mit kleinen Fehlern, Auslaufkollektionen, Einzelstücke.

 rund 25-30 %.

 Verse Blusen Wieben GmbH, 4800 Bielefeld-Schildesche, Apfelstr./Ecke Westerfeldstr., Lagerhalle auf dem Fabrikgelände.

 0521/800501.

 Sa 8.30-12.00 Uhr.

 A 2 Dortmund-Hannover, Ausfahrt Ostwestfalen/Lippe, Richtung Bielefeld-Milse/Schildesche.

Billerbeck

Suwelack Bonbonfabrik

Toffee per Scheck

Toffee-Bonbons gibt es hier, auch harte Bonbons, solche gegen Husten. Nicht weit entfernt liegt Münster. Proviant fürs Flanieren kann bei Suwelack ab einem Kilogramm mitgenommen werden. Zahlbar auch mit Scheck.

 Toffee, Harte Bonbons, Husten- und Schokoladenbonbons, Lakritz.

 wie im Handel.

 etwa 30 %.

 Suwelack Bonbonfabrik, 4425 Billerbeck, Josefstr. 22.

 02543/535-36.

 Mo-Fr 8.00-12.00 Uhr.

 A 43 Wuppertal-Münster, Ausfahrt Nottuln B 67 bis Nottuln dann Richtung Billerbeck.

Bocholt

Ibena Textilwerke Beckmann

Bettausstattung für Allergiker

Allergiker können hier Hilfe er-hoffen. Günstig kann man Bezüge und Laken für das Bett erstehen, per Scheck und bis zu einem Drit-tel preisreduziert. Außerdem: für einen Zwanziger gibt es schon eine Bezugsgarnitur – meist 1. Wahl, selten auch 1b-Ware mit kleinen Fehlern.

 komplettes Bettenpro-gramm, Allergikerpro-gramm.

 1. Wahl-Ware, teilweise 1b-Ware.

 etwa 25-30 %.

 4290 Bocholt, Industriestr. Tor 1, Verkaufsraum auf dem Werksgelände.

 02871/90-0.

 Mo-Fr 14.30-17.30 Uhr.

 A 3 Oberhausen-Arnheim, Ausfahrt Wesel/Bocholt.

Bocholt

Johann Borgers GmbH

Watten und Vliese

Borgers stellt nahe der niederlän-dischen Grenze zwar jede Menge Vliesstoffe und Watten her, aber sein Hauptprodukt bleiben Tep-pichfliese. Letztere gehen auch in den Verkauf ab Fabrik. Der Kun-de kann über 25 % gegenüber dem Einzelhandel sparen. Zudem hat Borgers eine sehr große Aus-wahl im Angebot.

 ausschließlich Teppichflie-se.

 1. Wahl-Ware, 2. Wahl-Wa-re mit kleinen Fehlern.

 etwa 25 %.

 4290 Bocholt, Teutonenstr., Verkauf auf dem Werksge-lände.

 02871/345-0.

 Mo-Fr 8.00-15.30 Uhr.

 A 3 Oberhausen-Arnheim, Ausfahrt Bocholt/Wesel.

Bocholt-Mussum

Viktor Busch Matratzenfabrik

Kopfkissen mit kleinen Fehlern

Betten läßt sich der Kopf ganz tadellos, wenn auch manchmal mit kleinen Fehlern. Die Kopfkissen, die in der Lagerhalle liegen, kosten bereits 27 DM. Wer mit größerem Auto vorfährt, kann sich Matratzen, Bettrahmen und auch ganze Betten einpacken. Die Fabrik liegt im Industriegebiet. Aber nach 20, 30 Minuten erreichen Ausflügler die Städte Xanten oder Kleve, zwei malerische Orte am Rhein.

 Matratzen, Betten etc.

 1. Wahl-Ware, teilweise auch 1b-Ware.

 etwa 25-30 %.

 4290 Bocholt-Mussum, Händelstr. 17-19, Verkauf auf dem Werksgelände.

 02871/7081.

 Mo-Fr 9.00-12.30 Uhr / 14.00-18.00 Uhr.

 A 3 Oberhausen-Arnheim, Ausfahrt Wesel/Bocholt.

Bonn

Haribo

Goldbärchen kiloweise

Hier dreht sich alles um Gummibärchen. Nicht nur um die echten in Runddosen, auch um die abgedruckten auf Handtüchern oder Reisetaschen. Ebenso warten die anderen Leckereien des Haribo-Sortiments im Laden vor dem Werk auf Abholer: Lakritz und Weingummi. Die Kunden können ihre Mischungen selbst zusammenstellen.

 das Haribo-Sortiment und Goldbärchen-Accessoires.

 Handelsware.

 Ware selbst zusammengestellt: 100 Stück in Runddose 9,20 DM, 100g-Beutel 0,70 DM, 200g-Beutel 1,29 DM.

 Haribo, 5300 Bonn-Kessenich, Hans-Riegelstr. 1, Laden vor dem Werksgelände.

 0228/537-1.

 Mo-Do 10.30-17.00 Uhr, Fr 11.00-14.30 Uhr.

 A 565, Ausfahrt Bonn-Poppelsdorf, Richtung Kessenich.

Borgholzhausen

Heinrich Schulze

Der Laden für die Frau

Heinrich Schulze produziert Damenoberbekleidung. Leider verkauft er seine Fehlerware nicht direkt am Werk, sondern er hat einen Laden in der Stadt angemietet. Deshalb gleicht er sich dem Preisniveau der anderen Bekleidungsgeschäfte an. Mehr als 20 % sind kaum zu sparen.

 Damenoberbekleidung.

 vorwiegend 1. Wahl, 2. Wahl mit kleinen Schönheitsfehlern.

 etwa 20 %.

 4807 Borgholzhausen, Freistr. 23, Werksladen in der Stadt.

 05425/809148.

 Mo-Fr 8.30-18.30 Uhr, Sa 8.30-12.30 Uhr.

 A 2 Oberhausen-Hannover, Ausfahrt Bielefeld-Sennestadt, B 68 Richtung Zentrum, dann Richtung Borgholzhausen.

Borken/Westfalen

Willy Kolks & Co.

Kundenwolle zu Decken

Superservice: Wolle, die die Kunden mitbringen, wird an Ort und Stelle zu Decken verarbeitet. Im Laden vor dem Werksgelände können sich die Kunden derweil nach Bettwäsche, Kopfkissen oder Lattenrosten umsehen. Meist finden sie 1. Wahl, manchmal auch 1b-Ware mit kleinen Fehlern.

 Bettwäsche, Steppbetten, Lattenroste etc.

 Handelsware, teilweise auch 1b-Ware mit kleinen Fehlern.

 etwa 25-30 %.

 4280 Borken/Westfalen, Johanniterstr. 9, Laden vor dem Werksgelände.

 02861/2329.

 Mo-Fr 8.00-12.30 Uhr / 14.30-18.30 Uhr.

 A 31 (Ostfriesenspieß), Ausfahrt Borken.

Bottrop

Mengede GmbH

Vom Pferdemetzger zum Delikateßanbieter

Vor einigen Jahrzehnten soll Mengede weit über Bottrop hinaus als Pferdemetzger einen Namen gehabt haben. So erzählt man es sich an der Emscher. Aber irgendwann wollten immer weniger Menschen das schmackhafte Pferdefleisch im Bratentopf haben. Mengede sattelte um und entwickelte sich zu einem achtbaren Wurst- und Fleischproduzenten im westlichen Revier. Sein Fabrikverkauf ist vor allem bei der Feier im Kleingarten oder Fußballverein beliebt. Aber aufpassen: Freitag und Samstag kein Verkauf.

 Fleisch- und Wurstwaren.

 1. Wahl-Ware.

 etwa 20-30 %.

 4250 Bottrop, Schubertstr. 50, Verkaufsraum auf dem Werksgelände.

 02041/96094.

 Mo-Do 8.00-16.00 Uhr.

 A 2 Oberhausen-Hannover, Ausfahrt Bottrop, Richtung Zentrum, hinterm Nordfriedhof links ins Gewerbegebiet.

Castrop-Rauxel

Reinex Chemie GmbH

Weichspüler nur montags

Nur montags öffnet sich die Pforte der Chemieküche. Dann werden die Waren der Reinlichkeit feilgeboten: Waschpulver, Weichspüler, Haushaltsreiniger, Badezusätze, Seife usw. Der Preis sinkt, der pH-Wert bleibt der gleiche. Gegenüber dem Ladenverkaufspreis sind die Produkte 20 bis 30 % billiger. Und: alles 1. Wahl.

 Wasch- und Reinigungsmittel, Kosmetika etc.

 Handelsware.

 etwa 25-30 %.

 4620 Castrop-Rauxel, Bladenhorsterstr. 114, Verkaufsraum auf dem Werksgelände.

 02305/29005.

Mo 8.00-12.00 Uhr.

 A 42 Duisburg-Dortmund, Ausfahrt Castrop-Rauxel-Bladenhorst, Richtung Castrop.

Derby Cycle Werke GmbH

Lohnender Ausflug nach Niedersachsen

Beim Fahrradkauf können schnell ein paar hundert Mark zuviel ausgegeben werden. Grund genug, in einen Werksverkaufs-Führer für Nordrhein-Westfalen eine Fahrradfabrik im Cloppenburger Land aufzunehmen. Die Derby Cycle Werke richteten schon vor Jahren ein Werksgeschäft ein, um Auslaufmodelle oder Modelle aus der aktuellen Produktion mit kleinen Lackschäden direkt an die Endverbraucher weitergeben zu können. Der kann bei einzelnen Modellen über 40 % sparen. Dafür fährt man gerne mal ein paar Kilometer…

 Fahrräder für Damen, Herren und Kinder.

 1. Wahl-Ware, 2. Wahl mit Lackfehlern oder Auslaufmodelle.

 über 40 %, z.B. ein Herren-Tourenrad ab 400 DM.

 4590 Cloppenburg, Siemensstr. 1-3, Ladengeschäft vor dem Werksgelände.

 04471/140 (04471/2329 Werksgeschäft).

 Mo-Fr 8.30-18.00 Uhr, Sa 8.30-13.00 Uhr, langer Sa 8.30-16.00 Uhr.

 A 1 Osnabrück-Bremen, Ausfahrt Cloppenburg.

Lonsberg GmbH

Gelegentlich Betten

Bei Lonsberg werden Matratzen, Kissen, Betten gefertigt. Die Qualität der dem Endverbraucher auf dem Fabrikgelände angebotenen Ware ist so unregelmäßig wie der Fabrikverkauf selbst. Er wird durchgeführt, wenn sich genügend Produkte angesammelt haben. Also muß man ab und zu zum Telefon greifen und anrufen, dann heißt es: „Kommen Sie am ... von 13.00-17.00 Uhr vorbei."

 Matratzen, Betten etc.

 unterschiedlich.

 etwa 30 %.

 4795 Delbrück, Am Pastorenbusch 6, Verkaufsraum auf dem Werksgelände.

 05250/5109-0.

 unregelmäßig, Verkauf immer nur einen Tag, wenn genug Ware vorhanden ist.

 A 2 Oberhausen-Hannover, Ausfahrt Rheda-Wiedenbrück B 64 Richtung Delbrück oder A 44 Dortmund-Kassel, AK Wünnenberg-Haaren A 33 Richtung Paderborn, Ausfahrt Paderborn/Schloß Neuhaus B 64 Richtung Delbrück.

Dortmund

Braunmüller-Süßwaren

Schokoriegel per Anmeldung

Feste Verkaufszeiten gibt es nicht: Wer Schokoriegel in Handelsqualität ab Fabriktor ergattern will, sollte sich ein oder zwei Tage vorher telefonisch anmelden. Die Schokoladenware wiegt mindestens ein Kilo. Gebäck ist nicht ständig im Angebot.

 Schokoriegel, Schokoröllchen.

 Qualität wie im Handel.

 etwa 25 %.

 Braunmüller-Süßwaren, 4600 Dortmund-Schüren, Marsbruchstr. 133, Verkaufsraum auf dem Werksgelände.

 0231/945160.

 telefonisch vorbestellen, beim Pförtner melden.

 A 430 Duisburg-Dortmund, B 1 Richtung Unna, am Klinikberich Westfalendamm rechts in die Marsbruchstr.

Dortmunder Actien-Brauerei

Party-Faß vom Brauer

DAB – Dortmunder Actien-Brauerei steht für kühles und erfrischendes Naß. Ursprünglich war es nur Bier, heute vertreibt DAB auch Limonade, Mineralwasser und vieles mehr aus der Erfrischungsbranche. Wer für ein Familienfest viel braucht, kann beim Brauereieinkauf einiges sparen.

 Bier in Flaschen und Fässern, Limonade, Mineralwasser etc.

 1. Wahl wie im Handel.

 bei Faßbier bis zu 20 % (10 l Party-Bierfaß 22,75 DM).

 4600 Dortmund 1, Leckenblecke, Verkauf auf dem Werksgelände.

 0231/84000.

 Mo-Fr 8.30-11.30 / 12.30-16.15 Uhr.

 A 45 Frankfurt-Dortmund, Ausfahrt Hafen/Huckarde, Richtung Hafen, dann Richtung Eving.

Hammer Steppdeckenfabrik

Schlafsäcke zu Schleuderpreisen

Hier gibt es alles für die Nacht: Steppdecken, Kopfkissen, Schlafsäcke. Schlafsäcke mit kleinen Fehlern können schon für 40 DM (auch mit Scheck zahlbar) eingerollt werden. Meist aber wird Spitzenqualität angeboten. Wer die Evinger Straße Richtung Zentrum fährt, stößt auf den Fredenbaumpark, einen stillen grünen Fleck in der Revierstadt.

 Steppdecken, Betten, Schlafsäcke etc.

 1. Wahl-Ware, bei Schlafsäcken auch 1b-Ware mit kleinen Fehlern.

 etwa 25-30 % und darüber.

 4600 Dortmund 1, Evinger Str. 59, Verkaufsraum auf dem Werksgelände.

 0231/818186.

 Mo-Fr 8.00-12.30 Uhr / 13.00-16.00 Uhr.

A 2 Oberhausen-Hannover, Ausfahrt Dortmund-Nordost, Richtung Eving (Evinger Str. = B 54).

 Mo-Fr 9.00-17.00 Uhr, Sa 9.00-12.00 Uhr.

 A 4 Köln-Aachen, Ausfahrt Düren.

Düren
Peil & Putzer Glashütte
Aussteuergaben

Gläser, Vasen und Schalen aus Glas fanden sich früher in jeder Aussteuer. Heute müssen die jungen Familien selber schauen, daß die nötigsten Gläser für festliche Anlässe in der Vitrine stehen. Peil & Putzer produziert nach alter handwerklicher Tradition auch geschliffene Gläser und Karaffen. Da fast ausschließlich 2. Wahl-Ware in den Werksverkauf kommt, sind Einsparungen bis 30 % möglich.

 Gläser aller Art, Vasen, Krüge etc.

 ausschließlich 2. Wahl-Ware aus aktueller Kollektion.

 rund 25-30 %.

 5160 Düren, Glashüttenstr. 4, Verkaufsraum auf dem Werksgelände.

 02421/487-0.

Düsseldorf
ASOMA Fashion
Taschen für Center Court und Zentralmassiv

Auf dem Center Court werden sie getragen und in den Bergen, zum Handball oder Volleyball – die Sporttaschen von Asoma Fashion aus der Landshauptstadt. Hier im Düsseldorfer Norden kann man bis zu 30 % einsparen. Bei Modellen aus der auslaufenden Kollektion und 1b-Ware mit kleinen Fehlern sogar noch mehr. Asoma Fashion kann uns Endverbrauchern aber nicht mit festen Öffnungszeiten dienen. daher einfach anrufen, nachfragen was am Lager ist und vorbeifahren. Das geht alles sehr unkompliziert.

 Sport- und Freizeittaschen etc.

 1. Wahl-Ware, seltener 2. Wahl-Ware und auslaufende Kollektionen.

 rund 20-30 %.

4000 Düsseldorf 30 (Derendorf), Weißenburgstr. 58, Verkauf auf dem Werksgelände.

 0211/488091.

 keine offiziellen Verkaufszeiten, vorher anrufen und Termin vereinbaren.

 A 52 Essen-Düsseldorf, Zubringer Düsseldorf-Zentrum, Richtung Derendorf, Nähe Münsterstr.

Düsseldorf

Amtraks W. Friedrichs

Diesel-Jeans aus Derendorf

Geheimtip unter Jugendlichen: hier können Diesel-Jeans preisgünstig gekauft werden. Der Preis einer Jeans, die im Geschäft 120 DM kostet, sinkt bei kleinen Fehlern schon mal auf 90 DM. In einem einfachen Laden vor dem Werksgelände können die Marken-Jeans ausgesucht und in einem Ankleideraum anprobiert werden. An manchen Tagen sollte man die Klamotten kritisch prüfen; die Ware ist 2. Wahl, Umtausch ausgeschlossen.

 Jeans.

 ausschließlich 2. Wahl-Ware.

 etwa 25 %.

 4000 Düsseldorf (Derendorf), Tußmannstr. 12, Verkaufsraum vor dem Werksgelände.

 0221/41856-0.

 Mo-Fr 14.00-18.30 Uhr, nur langer Sa 11.00-15.00 Uhr.

 A 52 Essen-Düsseldorf, Zubringer Richtung Derendorf, Tußmannstr. verbindet S-Bahnhof Derendorf mit S-Bahnhof Zoo.

Düsseldorf

Fred Brauckmann GmbH

Alles für den Kopf

Für den Kopf gibt es hier nur 1. Wahl-Ware. Von Montag bis Freitag geht im Verkaufsraum der Düsseldorfer Firma Kosmetik aus der eigenen Produktion – Haarwasser, Haarfestiger, Haarshampoo – über den Ladentisch. Der Preis fürs Düsseldorfer Shampoo ist um ein Drittel niedriger als im Geschäft.

 Haarkosmetik aus eigener Produktion.

 Handelsware.

 etwa 25-30 %.

 4000 Düsseldorf, Mintropstr. 12 (Hof), Verkaufsraum auf dem Werksgelände.

 0211/381958.

 Mo-Fr 9.30-12.30 Uhr.

 A 52 Essen-Düsseldorf, Zubringer Düsseldorf-Zentrum, Nähe Hauptbahnhof.

Hein Gericke GmbH

Hafengeschichten

Direkt im Düsseldorfer Rhein-Hafengelände unterhält Deutschlands erster Motorrad-Klamotten-Ausstatter sein zentrales Auslieferungslager. Von hier aus werden die Katalogkunden bedient und die Filialen beliefert. Was den strengen Qualitätsnormen nicht entspricht, wird reduziert ab Hafen unter die Leute gebracht: Ho-

sen, Jacken, Stiefel, Handschuhe, Kombis, Nierengurte etc.

 Motorradkleidung etc.

 1b-Ware mit Schönheitsfehlern, Ware aus der auslaufenden Kollektion.

 rund 40 % gegenüber Katalogpreisen.

 4000 Düsseldorf 13 (Benrath), Reisholzer Werftstr. 19, Verkauf auf dem Werksgelände.

 0211/9898-9.

 langer Sa 9.00-16.00 Uhr.

 A 46 Richtung Düsseldorf Zentrum, AK Düsseldorf-Süd Richtung Leverkusen (A 59), Ausfahrt Benrath, Richtung Benrath oder B 8 nach Benrath.

Zamek

Schicke Suppen aus der Landeshauptstadt

Derjenige, den Beulen nicht stören, holt sich an jedem letzten Donnerstag im Monat leckere

Suppen der Düsseldorfer Marke. Auf dem Ladentisch landen auch Fertiggerichte. Der Preisnachlaß beträgt 25 %.

 Suppe, Fertiggerichte etc.

 vorwiegend Bruch- und Beulenware.

 etwa 25 %.

 4000 Düsseldorf (Benrath), Kappeler Str. 147-169, Verkaufsraum auf dem Werksgelände.

 0221/7485-0.

 generell letzter Do im Monat 9.00-18.00 Uhr.

 A 46 Wuppertal-Düsseldorf, Ausfahrt Düsseldorf-Eiler Richtung Benrath oder A 59 Düsseldorf-Bonn, Ausfahrt Düsseldorf Benrath Richtung Benrath.

Pötter Baumwollweberei GmbH

Baumwolltücher in allen Variationen

Baumwolle ist als Naturfaser beliebter denn je. Auch per Scheck können Tücher aller Variationen den Besitzer wechseln: Handtücher, Frottierhandtücher, Geschirrtücher und Bezüge und Laken für das Bett. Meist sind die um ein Drittel herabgesetzten Produkte 1. Wahl, manche haben aber auch kleine Fehler.

 Heimtextilien wie Handtücher, Bettbezüge etc.

 1. Wahl-Ware, teilweise auch 1b-Ware.

 etwa 25-30 %.

 4407 Emsdetten, Föhrendamm 50, Verkaufsraum auf dem Werksgelände.

 02572/8700.

 Do/Fr 14.00-17.30 Uhr.

 A 1 Münster-Bremen, Ausfahrt Greven, B 481 Richtung Emsdetten/Rheine.

Enger

Puhlmann GmbH

Polsterprodukte als Prototypen

Hochwertige Polstergarnituren erwarten jeden, der ins kleine Enger, im Schatten der Stadt Bielefeld, fährt. Ein wichtiger Rat: den Möbelwagen erst dann besorgen, wenn ein konkreter Besuchstermin feststeht. Er ist am besten telefonisch zu erfahren. Dann aber können aus der Lagerhalle echte Schmuckstücke herausgetragen werden: Polstergarnituren ab 3.000 DM, meist Ausstellungsstücke, Prototypen ohne Fehl und Tadel. Gezahlt werden kann selbstverständlich auch mit Scheck.

 Polstergarnituren.

 Prototypen, Ausstellungsstücke, Auslaufmodelle.

 bis zu 30 %.

 4904 Enger, Bünderstr. 67, Verkauf auf dem Werksgelände.

 05224/6997-0.

 unregelmäßig, Bekanntgabe durch die örtliche Presse.

 A 2 Oberhausen-Hannover, Ausfahrt Herford/Bad Salzuflen, B 239 Richtung Herford/Enger.

Ense

H. Kettler Metallwarenfabrik

Kettcars zu Niedrigpreisen

Ein bekannter Name, der für robuste Spielwaren aus Metall steht. Hier laufen die berühmten Kettcars vom Band, Dreiräder oder Heimtrainer. Hier in der Lagerhalle sinkt der Preis um mehr als ein Drittel. Die Ware selbst ist tadellos. In der Nähe fließt die Möhne, die den Möhnestausee durchströmt – ein beliebtes Ausflugsziel.

 Heimtrainer, Dreiräder, Spielwaren.

 1. Wahl-Ware, Musterbestände und Auslaufmodelle.

 bis zu 35 %.

 4763 Ense, Hauptstr. 28, Verkauf auf dem Werksgelände.

 02938/810.

Mo-Do 6.00-14.00 Uhr.

 A 44 Dortmund-Kassel, AK Werl A 445 Richtung Arnsberg, Ausfahrt Wickede.

 4300 Essen 12 (Altenessen-Süd), Laubenhof 25, Verkaufsraum auf dem Werksgelände.

 0201/3640920.

 keine offizielle Verkaufszeiten, telefonische Rücksprache.

 A 42 Duisburg-Dortmund, AK Essen-Nord B 224 Richtung Altenessen-Süd, Nähe Güterbahnhof Essen-Vogelheim.

Essen

Candy Dime GmbH

Der private Waschsalon

Waschmaschinen aus dem Kern des Ruhrgebiets – aus Essen. Candy Dime produziert aber noch mehr. Bei dem Essener Haushaltsgerätehersteller sind auch Wäschetrockner, Kühl- und Gefrierschränke sowie Geschirrspülmaschinen zu bekommen. Am besten, man besorgt sich einen Firmenprospekt (bei Herrn Rüb 0201/3640932) und sucht in Ruhe zu Hause aus.

 Waschmaschinen, Wäschetrocker, Kühl- und Gefrierschränke, Geschirrspülmaschinen.

 2. Wahl-Ware, z.B. mit Lackschäden.

 rund 25 %, z.B. 600 DM für eine Waschmaschine mit Lackschäden.

Essen

Colsmann Gebr. GmbH

Zukaufware von der Seidenweberei

Nach den verschiedenen Mode-Messen kann frau bei Colsmann auch top-modische Kleider erstehen. Sonst gibt es „nur" Stoffe für die Damenoberbekleidung. Die Seidenweberei stellt vor allem Synthetik-Stoffe her. Als „Zukaufware" sind im Fabrikverkauf auch Wollstoffe und Gabardine erhältlich. Gegenüber dem Handel können 30 % und mehr gespart werden.

Stoffe für Damenoberbekleidung, Synthetik- und Wollstoffe.

 Handelsware, Restposten, Fehlerware.

 über 30 %, 8-10 DM/m.

 4300 Essen 15 (Kupferdreh), Hinsbecker Löh 10, Verkauf auf dem Werksgelände.

 0201/48650.

 Mo/Di/Do/Fr 9.00-12.30 / 13.30-16.30 Uhr, Mi 9.00-13 Uhr.

 A 52 Essen-Düsseldorf, Ausfahrt Bergerhausen, B 227 Richtung Velbert fast bis Kupferdreh, nahe der Ruhr.

Essen

Nobel Kaffee

Im duftenden Hinterhof

Mitten in der Reviermetropole Essen, direkt hinter dem Hauptbahnhof duftet es verführerisch: Ein Schild mit einer kleinen weißen Tasse vor einer großen schwarzen Kaffeekanne weist den Weg zur Firma Nobel Kaffee. Das seit 1902 bestehende Familienunternehmen ist der führende

Kaffenhändler im Ruhrgebiet. Neben den Bohnen, natürlich auch gemahlen, vertreibt Nobel Flüssigkaffeekonzentrat für Anwender professioneller Kaffemaschinen. Außerdem ist die Firma Direktimporteur für Espresso des italienischen Marktführers Lavazza.

 Kaffee (125g-500g-Packungen), Espresso (1000g-Pakkungen).

 Handelsware.

 etwa 25 %.

 4300 Essen 1, Lazarettstr. 12-16, Verkauf auf dem Werksgelände.

 0201/233235.

 Mo-Do 8.00-16.30 Uhr, Fr 8.00-15.00 Uhr.

 A 52 Düsseldorf-Essen, Ausfahrt Essen-Rüttenscheid oder A 430, Ausfahrt Essen-Friedrichstr., B 224 Richtung Zentrum, hinter Bahnübergang rechts halten, liegt schon fast im Essener Stadtkern.

Papierfabrik Halstrick KG

Geschenkpapier aus Euskirchen

Das Geschenkpapier, das mit kleinen Druckfehlern mitgenommen werden kann, reicht für die nächsten 20 Weihnachtsfeste. Angeboten wird Kiloware. Oft sind es auch auslaufende Muster, die mit bis zu einem Drittel Ersparnis eingekauft werden können. Weiter im Angebot: Toiletten- und Küchenpapier. Euskirchen liegt bei Bonn, nahe der Eifel mit ihrer herb-schönen Landschaft – geeignet für einen Ausflugstrip.

 Geschenkpapier aller Art, Küchenpapier etc.

 1. Wahl-Ware, Druckfehler-Ware, teilweise beim Geschenkpapier auslaufende Muster.

 über 30 %.

 5350 Euskirchen, Adolf-Halstrick-Str., Verkaufsraum im alten Bahnhof.

 02251/812-0.

 Mo-Do 10.00-12.30 Uhr / 13.30-15.30 Uhr, Fr 10.00-13.00 Uhr.

 A 1 Köln-Euskirchen, Ausfahrt Euskirchen.

Schewe Wäschefabrik

Dessous und Liebestöter

Die „Fabrik für modische Wäsche", so die werbende Bezeichnung, produziert Damenunterwäsche nach jeder Facon. Im Verkaufs-Shop der Fabrik findet sich 1. Wahl-Ware mit 25 % Preisabschlag. 2. Wahl-Ware mit kleinen Web- oder Farbfehlern ist oftmals über 40 % billiger als im Fachhandel. Die Wäschefabrik produziert Markenware.

 Damenunterwäsche.

 1. Wahl-Ware, 2. Wahl mit kleinen Schönheitsfehlern.

 rund 40 %.

 5350 Euskirchen, An der Vogelrute 39, Verkaufsraum auf dem Werksgelände.

 02251/6044.

 Mo-Do 8.00-16.00 Uhr, Fr 8.00-12.45 Uhr.

A 1 Dortmund-Köln-Eus-kirchen, Ausfahrt Euskir-chen.

Fürstenberger Porzellan-manufaktur

Im Schloß über 50 % sparen

Über die Häfte des Preises kann man beim Einkauf in der Fürsten-berger Porzellanmanufaktur spa-ren. Entsprechende Preisabschlä-ge gibt der Geschirrproduzent auf seine Teller, Tassen und Kan-nen, wenn sie in der Kategorie 2. Wahl einsortiert worden sind. Dem Laien fällt das allerdings oftmals gar nicht auf. Übrigens, die Manufaktur ist auf dem Für-stenberger Schloß malerisch gele-gen.

 Porzellanwaren.

 1. Wahl-Ware, 2. Wahl-Wa-re.

 etwa 25 %, bei 2. Wahl über 50 %.

 3476 Fürstenberg, Mein-brexerstr., Verkaufsraum im Schloßhof.

 05271/401-0.

 Di-Fr 9.00-17.00 Uhr, Sa 10.00-17.00 Uhr, So 12.00-17.00 Uhr.

 A 44 Dortmund-Kassel/ AK Wünnenberg-Haaren Richtung Wünnenberg, dann Richtung Fürstenberg zum Schloß.

Johann Hansen GmbH

Möbel aus Weidenruten

Die „Amerikanerweide" wächst in Oberfranken, Hessen oder im bayerischen Wald. Und wenn ih-re Triebe ein Jahr alt sind, werden sie abgeschnitten, geschält und zu Waschkörben, Einkaufskörben, Korbstühlen, -sesseln, -tischen oder -zweisitzern geflochten. Wie in Geilenkirchen, wo auch mit Scheck 1. Wahl-Ware zu 30 % Ersparnis eingekauft werden kann. Meist werden auslaufende Kollektionen angeboten, selten Ware mit kleinen Fehlern, dann noch preiswerter.

 Korbmöbel und Körbe aller Art.

 1. Wahl-Ware, teilweise aus ausgelaufener Kollektion.

 rund 25-30 %.

5130 Geilenkirchen, An der Friedensburg 20-22, Verkauf auf dem Werksgelände.

 02451/62060.

 Mo-Fr 8.00-12.00 Uhr / 13.00-18.00 Uhr, Sa 9.00-13.00 Uhr.

 A 44 Düsseldorf-Aachen, Ausfahrt Aldenhoven, B 56 Richtung Geilenkirchen.

Aldenhoven

Frische Würste

Unter zwei Kilogramm gibt es nichts. So schwer sind die Aufschnittverpackungen in der Gelsenkirchener Wurstfabrik. Das Fleischangebot im Laden vor dem Werkstor wechselt, darunter finden sich auch Schweinefiletköpfe. „1b-Ware mit kleinen Fehlern" kann es hier nicht geben. Fleisch und Wurst sind frisch.

 Bockwurst, Bratwurst, Mettwurst, Fleischwurst, Wurstaufschnitt, wechselndes Fleischangebot, u.a. Schweinefiletköpfe.

 Handelsqualität.

 etwa 25 %.

 Aldenhoven, 4650 Gelsenkirchen-Heßler, Moorkampstr. 12, Laden vor dem Werksgelände.

 0209/408070.

 Sa 8.00-11.00 Uhr.

 A 42 Duisburg-Dortmund, Ausfahrt Gelsenkirchen-Schalke, Richtung Schalke, direkt erste Möglichkeit rechts, Richtung Heßler.

J. Gromöller Spiegelfabrik

Gelsenkirchener Spiegel

Nicht nur der Barock hat seine besonderen Wurzeln in Gelsenkirchen. Hier werden auch Spiegel gemacht, und zwar Spiegel aller Art. Ebenso gießen die Gromöller-Facharbeiter Flachglas und Ornamentglas. Der Verkaufsraum auf dem Werksgelände ist schon ab 7.30 Uhr geöffnet. Angeboten wird 1. Wahl-Ware bis zu einem Drittel preisreduziert.

 Spiegel aller Art, Flach- und Ornamentglas.

 Handelsware.

 etwa 25-30 %.

 4650 Gelsenkirchen-Schalke, Bulmkerstr. 9-19, Laden auf dem Werksgelände.

 0209/22544.

 Mo-Do 7.30-16.30 Uhr, Fr 7.30-15.15 Uhr.

 A 42 Duisburg-Dortmund, Ausfahrt Gelsenkirchen-Schalke, Richtung Altstadt.

Gelsenkirchen

Schreck Damenkleiderfabrik

Damen-Schreck nur montags

Nur montags öffnet Schreck die Pforten für den Kauf ab Fabrik. Damenoberbekleidung aus der entsprechenden Jahreszeit oder Saison werden hier 25 % preiswerter angeboten als im Laden. Der Verkauf erfolgt in der Lagerhalle, gezahlt werden kann aber auch per Scheck.

 Röcke, Kleider, Kostüme, Hosen in den gängigen Größen.

 1. Wahl-Ware, teilweise 1b-Ware mit kleinen Fehlern.

 etwa 25 %.

 Schreck Damenkleiderfabrik, 4650 Gelsenkirchen-Neustadt, Schevenstr. 19, Lagerhalle auf dem Werksgelände.

 0209/272045.

 Mo 14.30-16.00 Uhr.

 A 430 Duisburg-Dortmund, Ausfahrt Gelsenkirchen B 227 bis Gelsenkirchen-Neustadt.

Gelsenkirchen

Vestia Konserven- und Fleischwarenfabrik

Rouladen mit Beulen

Fleischkonserven haben hier manchmal ein Beule. Aber der Inhalt – Rouladen, Frikadellen, Gulasch – ist ohne Fehl und Tadel. Vestia hat ihren Sitz in Herne 2, früher bekannt als Wanne-Eickel. Was in der Fabrik die Delle kriegt oder aus anderen Gründen nicht in den Handel kommt, landet im Werksverkauf in Gelsenkirchen. Hier gibt es auch frisches Fleisch und natürlich Wurst.

 Fleisch und Wurst, Konserven mit Rouladen, Gulasch etc.

 normale Frischware, Dosen mit Beulen.

 rund 25 %.

 4650 Gelsenkirchen-Buer, Immermannstr. 3, Laden im dortigen Werk.

 0209/3609915.

 Fr 10.30-15.00 Uhr.

 A 2 Oberhausen-Hannover, Ausfahrt Gelsenkirchen-Buer, auf die B 226 Richtung Gelsenkirchen Buer, Nähe Hauptfriedhof.

Greven

Ladystar KUK Schuhfabrik

Hochwertige Damenpumps

Den billigen Jakob gibt Ladystar in Greven – weiß Gott – nicht ab. Die KUK Schuhfabrik besteht auch im Verkaufsraum auf dem Werksgelände auf Qualität. Trotzdem sind Damensportschuhe schon mal ab 30 Mark zu haben. Ansonsten sind gegenüber dem Einzelhandelspreis ohne weiteres rund 25 % einzusparen.

 Damenschuhe.

 1. Wahl-Ware, seltener auslaufende Kollektionen und Fehlerware.

 rund 20-25 %.

 4402 Greven, Bismarckstr. 28-30, Verkaufsraum auf dem Werksgelände.

 02571/6001.

Mo/Mi/Fr 10.00-17.00 Uhr, Sa 9.00-12.00 Uhr.

 A 1 Münster-Bremen, Ausfahrt Greven.

 Mo-Fr 7.00-17.00 Uhr.

 A 2 Oberhausen-Hannover, Ausfahrt Gütersloh, Richtung Zentrum.

Gütersloh

Breitenbach Möbelwerkstätten

Polstermöbel an fünf Tagen

Fünf Tage in der Woche öffnen die Möbelwerkstätten ihre Pforten. Der Scheck kann eingelöst werden gegen 1. Wahl-Ware, meist Einzelstücke oder Anbauteile für Wohn- und Schlafzimmer, aber auch Polstermöbel. Bei den Produkten handelt es sich um Ausstellungsstücke, Musterteile oder Modelle einer auslaufenden Produktionsreihe.

 Polstermöbel, Schlaf- und Wohnbereich (Anbauwände).

 1. Wahl-Ware.

 bis zu 30 %.

 4830 Gütersloh, Oststr. 18, Verkaufsraum auf dem Werksgelände.

 05241/28383.

Gütersloh

Flötotto Möbelwerke

Anbausysteme vom Designer

Niki Lauda ließ die Büros seiner Fluggesellschaft, Lauda Air, von den Güterslohern einrichten. Innenarchitekten verlieben sich regelmäßig in die klaren und funktionalen Möbel von Flötotto. Wenn die Dinger nur nicht so teuer wären… Aber in Friedrichsdorf nahe Gütersloh stellten die Leute von Flötotto einen Ausstellungspavillon hin. Darin befinden sich Einrichtungsbeispiele ihrer Möbelsysteme, Stühle, Tische, Betten und Polstermöbel. Hier verkaufen die Möbelmacher auch die Einzelstücke mit den kleinen Fehlern, die auslaufenden Kollektionen und nicht mehr benötigte Ausstellungsstücke. 30 % Ersparnis gegenüber dem sonstigen Preis sind möglich.

Wohnraummöbel, Möbelsysteme (Anbausystem).

 Einzelstücke mit kleinen Fehlern, auslaufende Kollektionen.

 rund 25-30 %.

 4830 Gütersloh 16 (Friedrichsdorf), Sennerstr. 32, Verkauf im Ausstellungspavillion.

 05209/5910.

 Mo-Fr 10.00-18.00 Uhr, Sa 10.00-14.00 Uhr, langer Sa 10.00-16.00 Uhr.

 A 2 Oberhausen-Hannover, Ausfahrt Bielefeld-Sennestadt, Richtung Brackwede/Gütersloh.

Gütersloh

Frottierweberei Vossen

Spitzen-Frottee zu guten Preisen

Handtücher in Modefarben, modische Bademäntel, Bettwäsche und Bettlaken aus einer traditionsreichen Weberei. Vossen-Frottee 1. Wahl ist hier um ein Drittel billiger. Selten geht 1b-Ware mit kleinen Fehlern über die Ladentheke

auf dem Werksgelände. Leute, die spät am Tage Feierabend haben, sollten Mittwochs nach Gütersloh fahren. Dann sind die Pforten bis 19 Uhr geöffnet. Gezahlt werden kann auch mit Scheck.

 Frottierwaren aller Art.

 1. Wahl-Ware, wenig 1b-Ware.

 bis zu 30 %.

 4830 Gütersloh, Neuenkirchnerstr., Verkaufsraum auf dem Werksgelände.

 05241/501-0.

 Mo/Di/Do 9.00-16.30 Uhr, Mi 9.00-19.00 Uhr, Fr 9.00-16.00 Uhr, jeden 1. Sa im Monat 9.00-13.00 Uhr.

 A 2 Oberhausen-Hannover, Ausfahrt Gütersloh, Richtung Zentrum.

Gütersloh

Heining Kleiderfabrik

Das Kostüm fürs Büro

In der Heining Kleiderfabrik bekommt Frau noch das zeitlos elegante Kostüm fürs Büro oder den

City-Bummel mit der Freundin. Außerdem produziert Heining auch die Damenmäntel, die darüber gehören wenn es kälter wird. Da die fehlerlose Ware im Verkauf dominiert, kann bei Heining oftmals nicht mehr als 25 % eingespart werden.

 Damenoberbekleidung.

 ausschließlich Handelsware.

 etwa 20 %.

 4830 Gütersloh, Hallerstr. 220, Verkaufsraum auf dem Werksgelände.

 05241/6289.

 Mo-Fr 10.00-12.00 Uhr / 15.00-18.00 Uhr, Sa 9.00-13.00 Uhr.

 A 2 Oberhausen-Hannover, Ausfahrt Gütersloh Richtung Zentrum, dann Richtung Holtkamp.

Gummersbach

Hans Liedhegener

Damenhosenwahl

Die Chefin öffnet den Laden vor dem Fabriktor persönlich und bietet an: 1. Wahl an Damenhosen, ein Viertel billiger als im Handel. Sie nimmt auch Schecks an. Gummersbach kann als Ausgangspunkt für Spritztouren ins Bergische Land gewählt werden.

 Damenhosen in den gängigen Größen.

 1. Wahl, auch kleine Mengen 1b-Ware mit kleinen Fehlern.

 etwa 25 %.

 Hans Liedhegener, 5270 Gummersbach, An der Schüttenhöhe 1, Laden vor dem Werksgelände.

 02261/65054.

 in den ersten 14 Tagen des Monats Di-Do 15.00-18.00 Uhr.

 A 4 Köln-Olpe, Ausfahrt Gummersbach/Wiehl, Richtung Gummersbach oder A 45 Dortmund-Frankfurt/Main, Ausfahrt Meinerzhagen, Richtung Gummersbach.

Albrecht Kind GmbH
Alles für die Jagd

Anoraks, Jagdtaschen und die schönen Jäger-Hüte – alles, was ein Jäger oder eine Jägerin so braucht, um auf die Jagd zu gehen, wird hier im Verkaufsraum auf dem Werksgelände 20 % preisermäßigt angeboten. Wenn die Ware Schönheitsfehler aufweist, ist sie sogar noch billiger. Waidmänner und Waidfrauen können auch mit Scheck bezahlen.

 Schuhe, Anoraks, Hemden etc.

 1. Wahl-Ware, 2. Wahl-Ware mit kleinen Schönheitsfehlern.

 etwa 20 %.

 5270 Gummersbach, Hermann-Kind-Str. 18-20, Verkaufsraum auf dem Werksgelände.

 02261/7050.

 Mo-Do 13.00-17.00 Uhr, Fr 13.00-16.00 Uhr.

 A 4 Köln-Olpe, Ausfahrt Gummersbach/Wiehl Richtung Gummersbach oder A 45 Dortmund-Frankfurt, Ausfahrt Drolshagen/Wegeringhausen, Richtung Gummersbach.

Romika-Schuhe
Reintreten und sich wohlfühlen

Eine kleine Spritztour in die Pfalz lohnt sich: Spitzenschuhe von Spitzenmarke. Beeilen! Das Sportschuhangebot läuft aus. Ansonsten kann gewählt werden zwischen Straßen-, Haus- und Freizeitschuhen. Und gleich ausprobieren: Wandern im schönen Osburger Hochwald oder das benachbarte Trier erkunden.

 Straßenschuhe, Freizeitschuhe, Hausschuhe für Damen, Herren und Kinder.

 1b-Ware mit kleinen Fehlern.

 bis zu 30 %.

 Romika-Schuhe, 5501 Gusterath, Gusterath-Tal, Verkaufsraum auf dem Werksgelände.

06588/10463.

 Mo-Fr 9.00-17.00 Uhr, Sa 9.00-12.00 Uhr.

 A 1 Koblenz-Trier, A 602 Richtung Trier, B 268 Richtung Ollmuth, vorher über Franzenheim, Pluwig nach Gusterath.

Hagen

Brandt-Gebäck

Waffelbruch aus Hagen

Offiziell wird an Privatkunden kein Waffelbruch verkauft. Aber trotzdem befindet sich ein Verkaufsladen vor dem Werksgelände. Hier kann man reingehen und die Ware selbst in Augenschein nehmen (und kaufen): das gesamte Sortiment des Brandt-Gebäcks. Wer Zeit hat, kann sich noch das Freiluftmuseum in Hagen-Delstern ansehen: alte Manufakturen und Schmieden, wasser- und dampfbetriebene Fabriken aus dem letzten Jahrhundert.

 das Gebäck-Sortiment von Brandt.

 Information im Verkaufsraum.

 ca. 25 %.

 Brandt-Gebäck, 5800 Hagen, Westerbauerstr., Laden vor dem Werksgelände.

 02224/777-0.

 Di-Fr 13.00-17.15 Uhr.

 A 1 Köln-Dortmund, Ausfahrt Gevelsberg, Richtung Hagen-Westerbauer, Nähe S-Bahnhof Hagen-Westerbauer.

Hagen

Humme-Feinkost

Fisch und Fleisch in Mayonnaise

Den Fleischsalat verkauft Heinrich Humme Feinkost auch in Drei- oder Fünf-Kilogramm-Packungen. Damit kann die Familienfeier versorgt werden. Für den täglichen Verzehr kann jeder auch normale Handelspackungen mitnehmen. Bei Humme Feinkost sind Einsparungen von rund 20 % die Regel. Es gibt auch interessante Marinaden und natürlich Mayonnaisen.

Feinkostsalate

 Handelsware, 3 und 5 kg-Packungen.

 etwa 20 %.

 5800 Hagen-Vorhalle, Ophauser Str. 36, Verkaufsraum auf dem Werksgelände.

 02331/93840.

 Mo-Do 8.00-12.00 Uhr / 12.30-14.00 Uhr.

 A 1 Köln-Dortmund, Ausfahrt Hagen-West, Richtung Bahnhof Hagen-Vorhalle.

auf dem Werksgelände besetzt ist.

 Freizeit- und Ballspiele, Sport- und Turngeräte.

 1. Wahl-Ware.

 rund 30 %, teilweise mehr.

 5800 Hagen, Altenhagener Str. 89a, Verkauf auf dem Werksgelände.

 02331/88801.

 Mo-Fr 8.00-16.30 Uhr.

 A 1 Köln-Dortmund, Ausfahrt Hagen-West, B 54 Richtung Hagen Zentrum, hintern Güterbahnhof links halten.

Turn- und Sportgeräte GmbH

Indiaca-Pfeil oder Basketball

Ob der Indiaca-Pfeil über das Netz fliegen soll, ein Basketball benötigt wird oder ein Turngerät für den Garten – die Turn- und Sportgerätefabrik in Hagen offeriert alles auch für den privaten Kunden. Am besten, man fragt telefonisch nach, was am Lager ist und wann der Verkaufsraum

Weissbach Strumpffabrik

Auf die Socken machen

Weissbach verkauft an Endverbraucher auschließlich 1b-Ware. Das macht sich bei den Preisen bemerkbar. Über 30 % Nachlaß ist keine Seltenheit. Und die Weissbach Strumpffabrik produziert für führende Marken in diesem Land. Hochwertige Qualität mit kleinen Farbfehlern ist die Regel. Allerdings gibt es hier keine Strumpfhosen, nach denen immer wieder gefragt wird.

 Damen- und Herrenstrümpfe.

 ausschließlich 1b-Ware, Fehlerware.

 etwa 30 %, z.B. Herrensokken 6,00 DM.

 5800 Hagen-Haspe, Karlstr. 24, Laden auf dem Werksgelände.

 02331/43131.

 Mo-Fr 8.00-17.00 Uhr.

 A 1 Köln-Dortmund, Ausfahrt Gevelsberg oder A 45 Dortmund-Frankfurt, Ausfahrt Hagen, auf B 7 Richtung Hagen-Haspe, Standort zwischen B 7 und Ennepe.

Haiger
Pfeiffer Naturholzmöbel

Gartenmöbel aus dem Hessischen

Eine Parkbank für die Abendsonne, eine schmucke Laube für den Kleingarten oder einfach nur die Sitzecke für die Terrasse – Pfeiffer Naturholzmöbel im hessischen Haiger produziert, was der Gartenbesitzer begehrt. Verkauft werden vor allem 1. Wahl-Qualitäten, aber auch 2. Wahl-Qualitäten mit Fabrikationsfehlern. Hier lohnt es, genauer hinzuschauen.

 Gartenmöbel, Gartenlauben, Parkbänke.

 1. Wahl, 2. Wahl mit Fabrikationsfehlern.

 z.B. Gartensessel ab 97 DM.

 6342 Haiger-Niederroßbach, Grundstr. 77, Verkauf auf dem Werksgelände.

 02773/5014.

 Mo-Fr 7.00-12.30 / 13.15-16.00 Uhr.

 A 45 Dortmund-Frankfurt, Ausfahrt Haiger/Burbach, B 54 Richtung Niederroßbach/Limburg.

Vorwerk & Co KG

**Die Teppichböden
von Hameln**

Sich in Hameln einen Teppich zu
fangen, lohnt sich, auch wenn es
bis Hannover nicht mehr weit ist.
Man kann sich einen größeren
Wagen besorgen und fünfmal in
der Woche vorfahren. In der Lagerhalle des Markenunterneh-
mens liegen, auch gegen Scheck
bezahlbar, nicht nur Teppiche in
der gängigen Breite von vier Me-
tern. Es gibt sie auch in fünf Meter Breite, ausschließlich als 1b-
Ware.

 Teppichböden, Teppichflie-
sen.

 ausschließlich 1b-Ware mit
kleinen Fehlern und Restposten.

 etwa 30 % und mehr.

 3250 Hameln, Kuhlmann-
str. 11, Verkauf auf dem
Werksgelände.

 05151/103-0.

 Mo-Do 9.00-12.30 Uhr /
13.30-15.30 Uhr, Fr 9.00-
13.00 Uhr.

 A 2 Oberhausen-Hanno-
ver, Ausfahrt Bad Eilsen,
B 83 Richtung Hameln.

Bauerngut

Westfälisch luftgetrocknet

Noch Ruhrgebiet und gleichzeitig
schon Westfalen, das ist Hamm.
Bekannt durch seinen Hochtempe-
raturreaktor und den vielen defti-
gen Spezialitäten in der Küche.
Bauerngut liefert Fleisch und
Wurst, aber vor allem westfäli-
sche Dauerwurst. Ähnlich einem
guten Wein, gewinnt die Wurst
bei der Lagerung an Qualität.
Den Laden für den Verkauf ab
Werk führt übrigens der Pförtner.

 Fleisch und Wurst, speziell
Dauerwurst.

 normale Frischware.

 etwa 25 %.

 4700 Hamm, Römerstr. 20,
Verkauf beim Pförtner.

 02381/790-0.

 Fr 13.30-18.00 Uhr, Sa 8.00-
13.00 Uhr.

A 2 Oberhausen-Hannover, Ausfahrt Hamm oder A 1 Dortmund-Münster, Ausfahrt Hamm/Bergkamen.

 02452/21901.

 Mo-Fr 8.00-16.00 Uhr.

 A 46 Düsseldorf-Hückelhoven, Autobahnende B 221 Richtung Heinsberg.

Heinsberg

Baltes-Schuhfabrik

Schuhe im Dienst

Baltes rüstet Bundeswehr und Polizei mit Schuhen aus. Nicht unbedingt top-modisch, aber haltbar. Außerdem produzieren die Schuhmacher auch Arbeitsschuhe mit Schutzkappen und – weil es sich beim Großkunden Bundeswehr so ergeben hat – auch Sportschuhe. Alles kann der Kunde mit über 30 % Preisabschlag kaufen. Allerdings sind Preisvergleiche bei manchen Modellen schwierig, weil sie überhaupt nicht in den Handel gelangten.

 Sport-, Schutz- und Arbeitsschuhe.

 1. Wahl-Ware, selten 1b-Ware mit kleinen Fehlern.

 etwa 30 %.

 5138 Heinsberg, Borsigstr. 62, Verkaufsraum auf dem Werksgelände.

Heinsberg

Heinz Räde Strickwarenfabrik

Webfehler drücken den Preis

Schon ein kleiner Webfehler – und die Herrenstrick-Weste genügt nicht mehr den strengen Qualitätsvorschriften bei Heinz Räde. Das Stück geht dann in den Fabrikverkauf. Im Laden am Werksgelände kann man gestrickte Jacken und Pullover für Frauen und Männer sowie Herrenhemden und Damenblusen erstehen.

 Strickwaren für Damen und Herren, Damenblusen, Herrenhemden.

 1. Wahl-Ware, 2. Wahl-Ware mit kleinen Webfehlern.

 etwa 30 %, bei Webfehler-Ware mehr, z.B. eine Herren-Weste ab 50 DM.

5138 Heinsberg, Rudolf-Diesel-Str. 9, Verkaufsraum am Werksgelände.

 02452/2619.

 Mo-Do 9.00-12.00 Uhr / 13.00-17.00 Uhr, Fr 9.00-12.00 Uhr.

 A 46 Düsseldorf-Hückelhoven, Autobahnende B 221 Richtung Heinsberg.

 5202 Hennef, Wehrstr. 24, Verkauf auf dem Werksgelände.

 02242/88070.

 Mo-Fr 15.00-18.30 Uhr (Do bis 20.30), Sa 10.00-14.00 Uhr.

 A 3 Köln-Frankfurt, AK Siegburg, A 560 Richtung Hennef, Ausfahrt Hennef-West.

Hennef

Bernd Berger

Der Name für die Dame

Hosen, Kleider, Röcke, Bluse, T-Shirts und so weiter... Bernd Berger ist mit seiner Mode für moderne Frauen immer vorne dabei. Das klassische Kostüm für die Dame findet sich in Hennef ebenso wie das sportliche T-Shirt für die junge Frau. 2. Wahl-Qualitäten und die auslaufende Kollektion sind rund 30 % billiger als im Laden.

 Damenoberbekleidung.

 2. Wahl-Qualität, auslaufende Kollektionen.

 25-30 %.

Herford

Brax Leineweber

Herforder Hosen

Zwischen Bielefeld und Porta Westfalica, wo die Römer einst ihre Befestigungen bauten, werden Hosen für Damen und Herren in allen gängigen Größen produziert. In der Lagerhalle lassen sich 1. Wahl-Ware und 1b-Ware mit kleinen Fehlern aus aktuellen Kollektionen heraussuchen. Zahlbar auch per Scheck.

 Damen- und Herrenhosen.

 1. Wahl-Ware, teilweise 1b-Ware mit kleinen Fehlern.

 etwa 25 %.

Brax Leineweber, 4900 Herford, Wittekindstr. 1, Lagerhalle auf dem Werksgelände.

 05221/592-0.

 Do 16.45-19.00 Uhr, Sa 9.30-12.30 Uhr.

 A 2 Dortmund-Hannover, Ausfahrt Herford/Bad Salzuflen, Richtung Herford.

 Wappen Bekleidungswerke, 4900 Herford, Wehmühlenstr. 9, Verkaufsraum auf dem Werksgelände.

 05221/884280.

 Mi 15.30-17.30 Uhr.

 A 2 Dortmund-Hannover, Ausfahrt Herford/Bad Salzuflen, Richtung Herford.

Herford

Wappen Bekleidungswerke

Oberhemden nur mittwochs

Mittwochnachmittags sollte man sich Zeit nehmen für 1. Wahl bei Wappen. Die Ware, Oberbekleidung für Herren und für Damen, stammt aus der aktuellen und der letzten Kollektion. Wer was kaufen will, sollte sich bei der Verwaltung auf dem Werksgelände melden.

 Oberhemden und Damenblusen in Konfektionsgrößen.

 1. Wahl-Ware.

 etwa 25 %.

Herford

Weinrich & Co

Gefüllte Leckereien

Schokolade in Tafelform, Pralinen mit Füllung und Katzenzungen zum Schlecken stellt Weinrich her. Bei fehlerfreier Ware spart man gegenüber dem Einzelhandel schon gut 20 %. Die Tafel Schokolade ist z.B. für 80 Pf zu haben. Interessant in großen Mengen ist der Schokobruch. Hier sind die Preisnachlässe erheblich.

 Schokolade, Pralinen.

 1. Wahl-Ware und Bruch.

 etwa 20 %.

4900 Herford, Zimmerstr. 1-3, Verkaufsraum auf dem Werksgelände.

 05221/9100.

 Fr 7.00-15.00 Uhr.

 A 2 Oberhausen-Hannover, Ausfahrt Herford/Bad Salzuflen Richtung Zentrum, Nähe Hauptbahnhof.

Herne

R. Wortmann Damenbekleidung

Junge Mode aus Herne 2

Früher Bergbaustadt (der erste Schacht wurde übrigens 1856 von einem Iren abgeteuft), morgen Stadt der Verwaltung (die Ruhrkohle AG konzentriert hier ihre Verwaltung und baut ein modernes Computerzentrum in Herne). Heute aber Stadt für junge Mode, in Herne 2, von Alt- und Jungeingesessenen noch Wanne-Eickel genannt. Vorwiegend 1. Wahl-Ware können junge modische Frauen im Verkaufsraum auf dem Werksgelände erwerben. Wer hier Freunde oder Verwandte wohnen hat, sollte sie instruieren: die Verkaufstermine werden in der Ortspresse oder in den örtlichen Anzeigenblättern bekanntgegeben.

 aktuelle Mode, Kleider, Rökke, Blusen, T-Shirts.

 1. Wahl-Ware, teilweise 1b-Ware mit kleinen Fehlern.

 etwa 25 %.

 R. Wortmann GmbH, 4690 Herne 2, Hernerstr. 62, Verkaufsraum auf dem Werksgelände.

 02325/72001.

 Sa, jedoch nicht regelmäßig, auf Ortspresse oder Anzeigenblätter achten.

 A 42 Duisburg-Dortmund, Ausfahrt Herne-Crange, Richtung Hbf. Wanne-Eickel, Nähe Hauptbahnhof.

Herten

BE Betonsteinwerk

Steine gegen Scheck

Mitten im wilden Ruhrgebiet, an der Emscher nämlich, öffnet sich eine Welt aus Stein und Beton. Und die ist etwa ein Viertel billiger als im Baumarkt. Gezahlt werden kann auch mit Scheck. Und zwar für alle möglichen Steine für Straßen, Wege, Terrassen, Treppen. Ohne Mehrwertsteuer gibt es einen Quadratmeter Pflastersteine ab 14 DM.

 Steine für Wege, Terrassen etc.

 1. Wahl-Ware, selten 2. Wahl-Ware mit kleinen Fehlern.

 20 %.

 4352 Herten, Weg an der Emscher, Verkauf auf dem Werksgelände.

 02366/38971.

 Mo-Do 7.00-15.30 Uhr, Fr 7.00-14.30 Uhr, Sa 7.00-11.00 Uhr.

 A 2 Venlo-Hannover oder A 43 Wuppertal-Münster Ausfahrt Herten.

Angebot fragen. Dienstags und mittwochs können Sonderangebote aus der ganzen Fleisch- und Wurstpalette der Fabrik gekauft werden.

 gesamte Fleisch- und Wurstpalette.

 unterschiedliche Angebote, die ständig wechseln.

 etwa 20 %.

 4352 Herten, Westerholter Str. 750, Verkaufsraum auf dem Werksgelände.

 02366/301-0.

 Di/Mi 12.00-16.30 Uhr.

 A 43 Wuppertal-Münster, Aushalt Herten, Richtung Westerholt, Westerholter Str.

Herten

Herta Wurstfabrik

Herta für Hertaner

Herta-Würste gibt es eigentlich nur für Herta-Beschäftigte, manchmal aber auch für Hertener oder interessierte Zugereiste. Also: vorher anrufen und nach dem

Herzlake

Herzlaker Bekleidungswerk

Hoch im Norden Anoraks

Warme Anoraks und Parka für Frauen, Männer und Kinder (da in den Größen 98-176) sind die Spezialität des Herzlaker Bekleidungswerkes. Aber auch die Blazer und Jacken in dem kleinen Verkaufsraum auf dem Werksgelände kann man sich gut anschauen. Preisnachlässe von über 30 % sind keine Seltenheit bei der 2. Wahl-Ware, die dort hängt. Allerdings können Betriebsfremde nur freitags ihre Einkäufe vornehmen.

 Anoraks für Damen, Herren und Kinder, Blazer und Jacken.

 2. Wahl-Ware mit kleinen Fehlern.

 über 30 %.

 4479 Herzlake, Schützenstr. 6, Verkaufsraum auf dem Werksgelände.

 05962/639.

 Fr 14.30-18.00 Uhr.

 A 30 Osnabrück-Hengelo, Ausfahrt Rheine-Nord B 70 Richtung Lingen, B 213 Richtung Haselünne/Herzlake.

Hilden

Hessler & Co

Aus großen Töpfen in kleine Dosen

In großen Töpfen brodelt die Gulaschsuppe. Nebenan köchelt der Pichelsteiner Eintopf. Dann wird alles in Dosen gefüllt und verschlossen. Was bei dieser Produktion eine Beule bekommt, kommt nicht in den Handel, sondern es landet mit den anderen Produkten (z.B. Fertiggerichten) von Hessler & Co im werkseigenen Verkaufsladen auf dem Gelände der Suppenfabrik.

 Suppen, Fertiggerichte, etc.

 1. Wahl-Ware, 2. Wahl-Ware, verbeulte Büchsen.

 25-50 %.

 4010 Hilden, Düsseldorfer Str. 40-50, Verkaufsraum auf dem Werksgelände.

 02103/51075.

 Mo-Fr 7.30-9.00 Uhr / 9.15-12.30 Uhr / 13.00-16.00 Uhr.

A 59 Bonn-Düsseldorf, Ausfahrt Düsseldorf-Garath, auf die B 288 Richtung Hilden, B 288 = Düsseldorfer Str.

Höhr-Grenzhausen

Rastal GmbH

Ungeschliffene Gläser – geschliffene Preise

Seit dreitausend Jahren wird Glas hergestellt, zuerst in Ägypten. Heute gibt es im Kannebäcker Land bei Koblenz ungeschliffene Sektgläser zu 2,95 DM. Und alles, was ein anspruchsvoller Haushalt braucht: Wein- und Sherrygläser, ungeschliffene Bowlen-Sets, Eisschalen, Vasen und Windleuchten für den Garten. Es kann mit Scheck gezahlt werden, und die Ersparnis ist relativ hoch: 30 % bei meist erster Wahl. Erste Wahl ist auch die Gegend: zwischen Nassau und Montabaur können schöne Wandertouren unternommen werden.

 Gläser aller Art.

 Handelsware, teilweise aus auslaufender Kollektion.

 rund 25-30 %.

 5410 Höhr-Grenzhausen, Lindenstr.18, Verkauf auf dem Werksgelände.

 02624/16-0.

 Mo-Fr 10.00-12.00 Uhr.

 A 3 Köln-Frankfurt, AK Dernbacher Dreieck A48 Richtung Koblenz, Ausfahrt Höhr-Grenzhausen oder A 61 Köln-Koblenz, AK Koblenz A 48 Richtung Frankfurt, Ausfahrt Höhr-Grenzhausen.

Issum

Fronhoffs Tiefkühlbackwaren

Sahneschnittchen tiefgekühlt

Unweit von Issum fließt die Niers, ein verträumtes Flüßchen, das man mit Paddelboot erobern kann. Nach zwei Stunden Fahrt sind vielleicht die Sahneschnittchen aufgetaut, die man beim Issumer Tortengroßproduzenten gekauft hat. Die Torten ohne Fehl und Tadel erhält man auf dem Werksgelände für 15 DM. Der Preis fällt auf 5 DM bei Torten 2. Wahl. Bei diesen Torten ist die Garnierung nicht gelungen, der Geschmack ist der gleiche.

Torten, Sahneschnittchen tiefgekühlt.

 1. Wahl-Ware, 2. Wahl-Ware mit mangelhafter Garnierung.

 rund 25 %.

 4174 Issum, Vorster Heidweg 12/14, Verkaufsraum auf dem Werksgelände.

 02835/5531.

 Mo-Fr 8.00-16.00 Uhr.

 A 57 Moers-Kleve, Ausfahrt Alpen, B 58 Richtung Issum.

Kall

PappStar
Vertriebsgesellschaft

Alles von Pappe

100 Abendbrotteller 9,20 DM – natürlich alles Pappe. Auch wenn man eigentlich immer Geschirr nehmen sollte (wegen der Umwelt etc.), ist man nach einer Gartenparty oder einem Geburtstag richtig froh, zum Pappgeschirr gegriffen zu haben. Alles kommt in den Sack, und sauber ist die Küche. Pappstar in Kall in der

Eifel produziert alles, was das Partyherz begehrt: Teller, Becher, Bestecke.

 Partygeschirr etc.

 1. Wahl-Ware, teilweise 1b-Ware mit kleinen Schönheitsfehlern.

 rund 30 %, z.B. 100 Abendbrotteller für 9,20 DM.

 5370 Kall, Daimlerstraße, Verkauf auf dem Werksgelände.

 02441/83-0.

 Mo-Fr 8.30-13.00 Uhr / 14.30-18.00 Uhr, Sa 8.30-13.00 Uhr.

 A 1 Köln-Euskirchen, Ausfahrt Mechernich, Richtung Kall.

Kalletal

Steinmetz GmbH

Taschen für die Kultur, Koffer für Kosmetik

Den Kulturbeutel für die Toilettensachen oder den Kosmetikkoffer, in dem auch der Schmuck aufbewahrt werden kann, produziert Steinmetz im Lippischen. Direkt aus der Fabrikhalle heraus verkaufen die Taschenmacher ihre Fehlerproduktion. Abschläge von 35 % und darüber sind keine Seltenheit. Allerdings sollte man sich die Schönheitsfehler genau anschauen.

 Kosmetikkoffer, Kulturtaschen.

 ausschließlich 2. Wahl-Ware.

 35 % und mehr.

 4925 Kalletal-Heidelbeck, Tevenhausenstr., Verkauf auf dem Werksgelände.

 05264/5434.

 Mo-Do 7.00-16.00 Uhr, Fr 7.00-13.00 Uhr.

 A 2 Oberhausen-Hannover, AK Bad Oeynhausen B 514 Richtung Lemgo bis Heidelbeck.

Velo-Sportartikelfabrik Bruckmann & Co

Alles für den Zweiradfahrer

Bruckmann schützt den Zweiradfahrer bei Stürzen, gegen Regen und Kälte sowie das Motorrad des Nachts mit einer Faltgarage. Die Velo-Sportartikelfabrik produziert Fahrradhelme für Damen, Herren und Kinder, Regenbekleidung, Motorrad-Helme, Faltgaragen für die schnelle Maschine und vieles mehr. Beim Verkauf ab Werk gibt Velo die Handelsspanne an den Kunden weiter. Zudem ist die Auswahl im Laden enorm.

 Fahrradhelme, Regenbekleidung, Motorradhelm etc.

 1. Wahl-Ware, seltener Produktionsfehler oder Ware aus der auslaufenden Kollektion.

 20 % und mehr, z.B. Kinderhelm für 55 DM.

 4152 Kempen, Am Selder 4-6, Verkaufsraum auf dem Werksgelände.

 02152/4078.

 Mo-Fr 8.00-17.00 Uhr.

A 2 Duisburg-Venlo, Ausfahrt Wachtendonk.

Kirchlengern

Dolly-Dress GmbH

Mädchen-Mode

Aktuelle Mädchen-Mode, gibt es – nur mittwochs – hinter den Fabriktoren in Kirchlengern, in der Textilregion zwischen Bielefeld und Minden. Die Ware ist 1. Wahl, zum Teil auch 1b mit kleinen Fehlern. Achtung: Betriebsferien beachten, sonst steht man vor verschlossenen Türen.

 Kinderbekleidung für Mädchen.

 1. Wahl-Ware, 1b-Ware mit kleinen Fehlern.

 etwa 25 %.

 Dolly-Dress GmbH, 4983 Kirchlengern, Häferstr./Ekke Mindenerstr., Lagerhalle auf dem Werksgelände.

 05223/7046.

 Mi 15.00-18.00 Uhr.

 A 30 Osnabrück-Bad Oeynhausen, Ausfahrt Löhne, Richtung Kirchlengern.

Kleve

Bause-Schuhe

Klever Kinderschuhe

Früher trugen die Leute in dieser Gegend „Klompen", Schuhe aus Holz. Heute werden in Kleve für die kleinen Leute Schuhe von hoher Qualität produziert, die, weil sie kleine Fehler aufweisen, um ein Drittel billiger verkauft werden als im Schuhgeschäft. Ab Größe 18 werden Schuhe für Jungen und für Mädchen angeboten. Auch samstags.

 Kinderschuhe für Jungen und Mädchen Gr. 18-42.

 2. Wahl-Ware, Auslaufmodelle und aktuelle Kollektion.

 über 30-50 %.

 4190 Kleve, Heinrich-Bause-Str. 2, Verkaufsraum auf dem Werksgelände.

 02821/9071.

 Mo-Fr 9.00-13.00 Uhr / 14.00-17.00 Uhr, Sa 9.00-12.00 Uhr.

 A 57 Köln-Goch, Ausfahrt Kleve.

Kleve

Klever Sportschuhfabrik GmbH

Der Ball ist rund...

Hier in Kleve dreht sich alles um den Fußball. Um ein Drittel reduziert finden sich hochwertige Fußballschuhe, Trikots, Stutzen, Knieschoner, Trainingsanzüge und Fußballtaschen. Qualitätsfußballschuhe aus Leder kosten hier 120 DM. Für Adidas-Fußballschuhe braucht man nur 240 DM hinlegen. Gezahlt werden kann auch mit Kreditkarte oder Scheck.

 Fußballschuhe, Trikots, Stutzen etc.

 Auslaufmodelle, 2. Wahl-Ware und aktuelle Kollektion.

 über 30 %, z.B. Fußballschuhe für 120 DM.

 4190 Kleve, Triftstr. 93, Verkauf auf dem Werksgelände.

 02821/4421-22.

 Mo-Fr 9.00-12.30 Uhr / 14.00-18.00 Uhr, Sa 9.00-12.00 Uhr.

 A 57 Köln-Goch, Ausfahrt Kleve.

Kleve

Nora-Elefanten Schuhe

Elefanten für kleine Füße

Ein Drittel Ersparnis beim Kinderschuhproduzenten vom Niederrhein: Schuhe für alle Kinderbeine. Kleinste Schuhgröße bis Jugend-Größe 41. Wer im Laden vor dem Werksgelände einkauft, bekommt ein Informationsblatt zum Produkt und mit den Öffnungszeiten.

 Kinderschuhe aus der eigenen Produktion bis Größe 41.

 1b-Ware mit kleinen Fehlern.

 25-30 %.

 Nora-Elefanten Schuhe, 4190 Kleve-Oberstadt, Hoffmansallee, Laden vor dem Werk.

 02821/86-1.

 Mo-Fr 9.00-12.00 Uhr / 14.30-18.00 Uhr, Sa 9.00-12.00 Uhr.

 A 57 Köln-Nimwegen, Ausfahrt Goch-Weeze, B 9 Richtung Kleve.

ARIK-Steppdecken Artur Richter GmbH

Ganze Decken für die Hälfte

Preissturz hinterm Werkstor: Auf dem ARIK-Werksgelände in der Stepp- und Daunendeckenfabrik fällt der Preis für Decken, für Bett und Unterbett um die Hälfte. Ganz selten finden sich kleine Fehler in der Ware – meist ist sie 1. Wahl. Geboten werden in verschiedenen Materialien Bettdecken, Kopfkissen, Nackenrollen.

 Betten etc. in Feder, Daune, Naturfaser, Synthetik, Allergikerprogramme.

 Handelsware.

 40-50 %.

 5000 Köln 50 (Rodenkirchen), Adamstr. 17-19, Verkaufsraum auf dem Werksgelände.

 0221/394657.

 Mo-Do 7.30-16.30 Uhr, Fr 7.30-12.00 Uhr.

 A 3 Oberhausen-Frankfurt, Ausfahrt Köln-Dellbrück, Richtung Zentrum, Köln-Mülheim.

EMA Fleischwaren

... und Schweinespeck

Mit täglich wechselnden Sonderangeboten können die Kunden im Werksverkauf der EMA Fleischwarenfabrik rechnen. Hier lohnt sich für frischen Aufschnitt, Rollbraten und vieles mehr die Anfahrt aus der näheren Umgebung. Auf dem Werksgelände liegt der Fleischerladen, den vor allem Kunden und Kundinnen mit der Tiefkühltruhe im eigenen Haushalt besuchen.

 frisches Fleisch und frische Wurstwaren.

 1b-Qualität, wechselnde Sonderangebote.

 rund 20 %.

 5000 Köln-Pesch, Im Gewerbegebiet 45, Verkauf auf dem Werksgelände.

 0221/5904038.

 Mo-Fr 8.00-16.00 Uhr.

 Kölner Autobahnring, AK Köln-Nord, A 57, Ausfahrt Köln-Chorweiler, Richtung Gewerbegebiet.

Kehlheimer Parkettfabrik

Parkett mit Astlöchern

Parkettböden in Mosaikform und rustikal werden hinterm Fabriktor angeboten. Solche mit Astlöchern sind billiger. Preiswert aber auch die 1. Wahl-Ware. Die Verlegedienstleistung kann auch gleich geordert werden. Eiche rustikal kostet dann mit Verlegen 76 DM. Die Fabrik liegt am Rande des Ehrenfelder Gewerbegebietes. Die Venloer Straße streift das Gebiet. Auf ihr kann man bis in die Kölner Altstadt zum Flanieren vorstoßen.

 alle Arten von Parkett, auch mit Verlegen.

 Handelsware.

 25-30 %.

 5000 Köln 30, Heliosstr. 15, Verkauf auf dem Werksgelände.

 0221/541085.

 Mo-Fr 8.00-17.00 Uhr.

 A 1 Dortmund-Köln, AK Köln-Nord, Richtung Zentrum-Ehrenfeld, Ausfahrt Ehrenfeld.

Küppers Kölsch

Pittermännchen

Einer der beliebtesten Kölner ist neben Millowitsch das Pittermännchen, das kleine Partyfäßchen und dessen Inhalt, goldfarbenes Kölsch-Bier. Das entsprechende „Besteck" wird ausgeliehen: Zapfhähne und Gläser. Die Fässer fassen 10, 20 oder 30 Liter. Fürs Faß muß allerdings 50 DM Pfand gezahlt werden. Auf die Uhrzeit achten: an jedem Tag der Woche (auch sonntags) ist die Brauerei für kaufende Besucher nur zwei Stunden geöffnet.

 Partybier in Fässern.

 1. Wahl-Ware.

 z.B. 10 l-Faß 31.50 DM.

 5000 Köln 51 (Neustadt-Süd), Alteburgerstr. 157, Verkaufsraum auf dem Werksgelände.

 0221/3779-0.

 Mo-So 11.00-13.00 Uhr

A 3 Arnheim-Frankfurt, AK Köln-Ost Richtung Severinsbrücke, dann Richtung Südbrücke, linke Rheinseite.

 zwei- bis dreimal im Jahr, Verkauf wird über die Presse bekanntgegeben.

 A 57 Köln-Goch, Ausfahrt Krefeld-Centrum, Richtung Bockum.

Krefeld

K. Hübner-Kindermoden

Kindermoden sporadisch

Nur sporadisch wird die Lagerhalle auf dem Werksgelände Interessenten geöffnet. Dann wird klassische Kindermode – alles 1. Wahl – um ein Viertel unter dem Ladenpreis verkauft. Die angebotenen Größen bewegen sich zwischen 80 und 176. Wer interessiert ist, sollte vorher anrufen und den Verkaufstermin in Erfahrung bringen.

 klassische hochwertige Kindermoden Gr. 80-176.

 Lagerübergänge aus der aktuellen Kollektion.

 etwa 25 %.

 4150 Krefeld-Bockum, Buschstr. 361, Verkauf auf dem Werksgelände.

 02151/599405.

Lage

Bergmann GmbH

Natürlich wohnen im Schlafzimmer

Schlafzimmer, Eßzimmer, Stühle und Tische in Erle und in Fichte oder anderem naturbelassenen Holz kann man sich am besten nach Vereinbarung anschauen. Meist werden im Geschäft vor dem Werksgelände am letzten Samstag im Monat die Pforten geöffnet. Genaueres erfährt man jedoch in der Ortspresse oder per telefonischer Erkundung. Dieser Einsatz lohnt sich. Denn der Eßtisch wird für 500 DM bis 700 DM feilgeboten, meist 1. Wahl-Ware, Rest- oder Auslaufposten. Schecks werden angenommen, allerdings nur für Zahlungen bis 400 DM.

naturbelassene Holzmöbel.

 1. Wahl-Ware, teilweise auch 1b-Ware mit kleinen Fehlern.

 bis 30 %.

 4937 Lage-Kachtenhausen, Haferbach 9-15, Verkaufsladen vor dem Werk.

 05232/703-0.

 letzter Sa im Monat, telefonische Rücksprache.

 A 2 Oberhausen-Hannover, Ausfahrt Bielefeld B 66 Richtung Lage.

zum Hermannsdenkmal ist eine Erholung für Streßgeplagte.

 Sonnenbrillen, Kämme und Haarschmuck.

 1. Wahl-Ware, teilweise 1b-Ware mit kleinen Fehlern.

 bis 30 %.

 4937 Lage, Ehlenbrucherstr. 97-100, Verkauf auf dem Werksgelände.

 05232/7009-0.

 Fr 11.00-17.00 Uhr.

 A 2 Oberhausen-Hannover, Ausfahrt Bielefeld B 66 Richtung Lage.

Lage

Echterhölter Kunststoffverarbeitungs GmbH

Plastik 1. Wahl

Wer Plastik liebt, ist hier richtig: im Verkaufsraum vor dem Werk lagern Kunststoffaccessoires für Gesicht und Haarschopf, z.B. Sonnenbrillen oder Kämme. Die Preisliste für Haarschmuck beginnt bei einer Mark. Lage liegt am Fuße des Teutoburger Waldes. Ihn zu durchstreifen samt Abstecher

Langenfeld

ara Schuhfabrik

Damenschlußverkauf

Jeweils zum Sommer- und zum Winterschlußverkauf steht bei ara in Langenfeld nahe der Landeshauptstadt der Verkauf ab Fabrik an. Dann können Frauen Damenschuhe ab 40 DM erstehen. Egal ob sie zur großen Abendgarderobe passen sollen oder an den Strand. Interessentinnen, die sonst auch auf der KÖ zu sehen

Lemgo

Lemgo 64

sind, stehen dann bei ara an der Kasse.

 elegante Damenschuhe, Schuhe für Freizeit und Sport.

 1. Wahl, 1b-Ware mit kaum sichtbaren Fehlern, Modelle aus der auslaufenden Kollektion.

 etwa 30 %, Damenschuhe ab 40 DM.

 4018 Langenfeld, Hardt 49, Verkauf auf dem Werksgelände.

 02173/105-0.

 Mo-Do 13.00-13.30 Uhr jeweils an den Tagen des Sommer- und Winterschlußverkaufs im Einzelhandel.

 A 3 Oberhausen-Köln, Ausfahrt Solingen/Langenfeld B 229 Richtung Solingen.

Lemgo

Doerfert Collection GmbH

Deko-Art aus Lemgo

Ab und zu mal Lampen, aber Dekostoffe en masse und in guter Qualität werden hinter der Fabrikpforte zu 30 % Ermäßigung verkauft. Der teuerste Dekostoff wird mit 25 DM pro laufendem Meter berechnet. Wann, ist unbekannt und wird lediglich in der Ortspresse mitgeteilt. Deshalb: anrufen und nachfragen. Lemgo liegt am Fuße des Weserberglands, ein Landstrich, der zu Wanderfahrten besucht werden kann.

 Dekostoffe, selten Möbel und Matratzen, Lampen.

 1. Wahl-Ware, teilweise 1b-Ware mit kleinen Fehlern.

 bis zu 30 %.

 4920 Lemgo 1, Trift 94, Verkaufsraum auf dem Werksgelände.

 05261/602-0.

 mindenstens einmal monatlich, Bekanntgabe in der örtliche Presse.

A 2 Oberhausen-Hannover, Ausfahrt Herford/Bad Salzuflen, Richtung Lemgo.

Friedrich Brinkmann Bekleidungswerke

Krawatten aus der Lagerhalle

Alles, was das Männerherz begehrt: Krawatten, Sakkos und auch Lederjacken können aus der Lagerhalle hervorgekramt werden, und zwar als 1. Wahl-Ware aus der aktuellen Kollektion. Gezahlt werden kann auch mit Scheck. Das Städtchen Löhne liegt zwischen Herford und Porta Westfalica und dient als Startpunkt für Erkundungsfahrten durch das Westfalenland.

 Herrenbekleidung: Anzüge, Hosen, Sakkos, Mäntel, Jacken, Krawatten, Lederjacken und -blousons, Oberhemden, Krawatten.

 1. Wahl-Ware aus der aktuellen Kollektion.

 etwa 25 %.

 Friedrich Brinkmann Bekleidungswerke, 4972 Löhne-Gohfeld, Tichelbrink 68, Lagerhalle auf dem Werksgelände.

 05731/861-46.

 Di/Do/Fr 15.30-18.00 Uhr, Sa 9.00-14.00 Uhr.

 A 30 Osnabrück-Bad Oeynhausen, Ausfahrt Löhne.

MkM Matratzenfabrik Kwiatkowski

Alles für den gesunden Schlaf

Matratzen, Lattenroste, Steppbetten, Kopfkissen und vieles mehr für den gesunden Schlaf produziert und vertreibt Kwiatkowski im westfälischen Löhne. Bis zu 30 % kann man einsparen, wenn man die etwas staubige Lagerhalle auf dem Werksgelände nicht scheut. Um die Waren braucht man keine Angst zu haben, die sind sorgsam eingepackt.

Matratzen, Steppbetten etc.

 ausschließlich 1a-Ware.

 etwa 25-30 %.

 4972 Löhne 3, Gohfelderstr. 41, Verkauf auf dem Werksgelände.

 05731/4426.

 Mo-Do 8.00-16.30 Uhr, Fr 8.00-13.00 Uhr.

 A 2 Oberhausen-Hannover, AK Bad Oeynhausen A 30 Richtung Osnabrück, Ausfahrt Löhne.

Lünen

Dan Cake

Kokos ist Verhandlungssache

Diese Plätzchen schmelzen auf der Zunge: Eingebettet zwischen leichtem Biskuit und zarter Schokolade lagert eine kühle Geleefüllung. Über diese und andere Köstlichkeiten wie Waffeln, Blätterteig- und Kokosplätzchen wird im Verkaufsraum auf dem Werksgelände verhandelt. Der Genuß bleibt stabil, aber der Preis schwankt, weil auch die Qualität schwankt: manche Plätzchen sind Waffelbruch. Hinfahren, kosten, kaufen und verzehren lohnt sich.

 Dauergebäck, Waffeln etc.

 1. Wahl-Ware, 2. Wahl-Ware (Bruch).

 etwa 25 %.

 4670 Lünen, Viktoriastr. 67, Verkaufsraum auf dem Werksgelände.

 02306/1761.

 Mo-Do 8.00-16.30 Uhr, Fr 8.00-15.30 Uhr.

 A 2 Oberhausen-Hannover, Ausfahrt Dortmund-Nordost, Richtung Lünen.

Marsberg

RC Ritzenhoff-Cristal

Festliche Stimmung

Das Kerzenlicht bricht sich im kristallenen Römer. Das Glas paßt zum Barolo Jahrgang 1971 aus dem schönen Italien. Allerdings kostet es auch seinen Preis. Bei Ritzenhoff-Cristal gibt es keine Billigware. Aber ab Werk sind im Sauerländischen Marsberg rund

30 % gegenüber dem Fachhandel zu sparen. Es liegt auf der Hand, daß 2. Wahl-Ware nicht zu RC Ritzenhoff-Cristal paßt. Daher kommt sie auch kaum in den Verkauf.

 Kristallglas aller Art, Gläser, Vasen, Schalen etc.

 1. Wahl-Ware und aktuelle Kollektion.

 25-30 %.

 3538 Marsberg, Paulinenstr. 84, Verkauf auf dem Werksgelände.

 02992/603-0.

 Mo-Do 8.00-12.00 Uhr / 13.00-16.45 Uhr, Fr 8.00-16.00 Uhr.

 A 44 Dortmund-Kassel, Ausfahrt Marsberg/Meerhof.

Maxsain

Arnold Weiss KG Lederbekleidung

Leder aus eigener Produktion

Lederherstellung ist auch heute noch eine Kunst: Mehrere Wochen dauert der Gerbprozeß, das Behandeln der Lederhaut mit Gerbstoffen. Dann wird das Material weich- und geschmeidiggestoßen. Lederbekleidung mit kleinen Fehlern wird in Maxsain seltener verkauft. Ab Fabrik gibt's meist 1. Wahl-Ware, bis zu 30 % billiger. Angeboten werden auch zugekaufte Lederprodukte.

 Lederbekleidung für Damen und Herren.

 1. Wahl-Ware, wenig 1b-Ware mit kleinen Fehlern.

 bis 30 %.

 Arnold Weiss KG Lederbekleidung, 5419 Maxsain, Hüttenweg, Verkaufsraum auf dem Werksgelände.

 02626/5271.

 Mo-Fr 8.00-12.00 Uhr / 13.00-18.00 Uhr, Sa 9.00-14.00 Uhr.

 A 3 Köln-Frankfurt, Ausfahrt Dierdorf, B 413 bis Dierdorf, dann über Brückrachdorf, Krümmel, Selters nach Maxsain.

Golden Lady Strümpfe

Elegant und sportlich

Bei Golden Lady ist das Produktionsergebnis ebenso sportlich wie elegant. Im sauerländischen Medebach werden Leggins und Tennissocken, Damen-Strümpfe und Feinstrumpfhosen vertrieben. Die Preise für die zarte Wirkware liegen rund 25 % unter denen des Einzelhandels. Wer im nahegelegenen Winterberg seinen Urlaub verbringt, sollte bei Golden Lady vorbeischauen.

 Damenstrümpfe, Leggins etc.

 Handelsware.

 etwa 25 %.

 5789 Medebach, Landwehr 11, Verkaufsraum auf dem Werksgelände.

 02982/408-0.

 Mo-Do 8.00-12.00 Uhr / 12.30-16.00 Uhr, Fr 8.00-13.30 Uhr.

 von Norden über Meschede/Olsberg/Winterberg, von Westen A 45 Dortmund-Frankfurt, Ausfahrt Olpe Richtung Schmallenberg/Winterberg.

Fritz Helling GmbH

Suppe mit Beulen

Wen Beulen in den Suppendosen nicht stören, kann sie hier für ein Viertel weniger kaufen als im Handel. Doch die Suppe gilt nur als Vorspeise. Hier am Rande des Teutoburger Waldes gibt es auch den Hauptgang: Rinderbraten oder Sauerbraten.

 Rinder- und Sauerbraten, Dosensuppen, wechselndes Angebot.

 1b-Ware bei Dosensuppen: Bruchdosen mit Beulen.

 etwa 25 %.

 Fritz Helling GmbH, 4520 Melle, Am Bahnhof 3.

 05422/2815.

 Di-Fr 8.00-13.00 Uhr / 14.00-17.00 Uhr, Sa 8.00-12.00 Uhr.

A 30 Osnabrück-Bad Oeynhausen, Ausfahrt Melle.

Menden

Th. Klusendick GmbH

Töpfe beim Pförtner

Pfannen und Töpfe stellt die Th. Klusendieck Metallwarenfabrik im sauerländischen Menden her. Ihre Waren finden sich im Fachhandel und in den Katalogen diverser Versandhäuser. Es lohnt sich auf jeden Fall reinzuschauen, wenn man mal in der Nähe ist.

 Töpfe und Pfannen.

 fast ausschließlich 1a-Qualitäten.

 bis zu 30 %.

 5750 Menden, Körnerstr. 30, Verkauf auf dem Werksgelände.

 02373/1603-0.

 Mo-Do 6.00-14.15 Uhr.

 A 44 Dortmund-Kassel, AK Unna-Ost, B 515 Fröndenberg/Menden.

Meschede

Export Metall Industrie GmbH

Kein billiger Schnellkochtopf

Billig ist der Schnellkochtopf der Export Metall Industrie in Meschede nicht. Allerdings kann man ihn gegenüber anderen Markentöpfen als preiswert bezeichnen. Die Export Metall vertreibt ihre Waren auch via Katalog. Daher ist im werkseigenen Laden kaum mit Preisnachlässen zu rechnen.

 Töpfe und Pfannen.

 Handelsware.

 kaum ein Preisnachlaß.

 5778 Meschede-Heinrichstal, Heinrichstalerstr. 6, Verkaufsraum auf dem Werksgelände.

 0291/50011.

 Mo-Do 8.00-16.30 Uhr, Fr 8.00-15.00 Uhr.

 A 44 Dortmund-Kassel, AK Werl A 445/A 46 Richtung Arnsberg/Meschede.

Metelen

Sula-Werke Suwelack GmbH

Bonbons
mit und ohne Zucker

Bonbons gibt es hier in allen möglichen Variationen. Nicht nur solche mit Zucker. Zuckerfreie Bonbons sollen gesünder sein, dafür sind sie etwas teurer. Ab 1 kg sind sie abgepackt. Und zu finden sind die Schleckereien im Gewerbegebiet von Metelen in einem großen weißen Gebäude.

 Bonbons mit und ohne Zukker.

 wie im Handel.

 etwa 30 %, 1 kg zuckerhaltige Süßwaren 5,10-6,60 DM, 1 kg zuckerfreie Süßwaren 8,40-14,00 DM.

 Sula-Werke Suwelack GmbH, 4439 Metelen, Gewerbegebiet, Verkaufsraum auf dem Werksgelände.

 02556/1001-05.

 Di-Fr 13.00-17.00 Uhr.

 A 31 Bottrop-Gronau, Ausfahrt Heek B 70, Richtung Metelen.

Mettingen

Canda International

Aktuelle Sakkos nur am Dienstag

Aktuelle Herrenbekleidung, bis 25 % preisreduziert, wird an jedem Dienstag bei Canda International zwischen Ibbenbüren und Osnabrück angeboten. Gezahlt werden kann auch mit Scheck. Von hier aus kann man einen kleinen Abstecher zum Mittellandkanal machen.

 Herrenoberbekleidung: Anzüge, Hosen, Sakkos in allen Konfektionsgrößen.

 Aktuelle Kollektion, 1b-Ware mit kleinen Fehlern, aber auch 1. Wahl-Ware.

 etwa 25 %.

 Canda International, 4532 Mettingen, Bachstr. 31, Verkaufsraum auf dem Werksgelände.

 05452/51-0.

 Di 14.00-17.30 Uhr.

 A 1 Dortmund-Bremen AK Lotte/Osnabrück A 30 Richtung Rheine, Ausfahrt Ibbenbüren.

Milchhof Eiscreme/ Eismann GmbH

Kalorienbomben ohne Preisexplosion

Hier können preiswert alle Familienfeiern und Kindergeburtstage ausgerüstet werden. Das Angebot ist vielfältig und bewegt sich zwischen Erdbeer und Käse-Sahne. Die Torten sind 16teilig und kosten 8 DM. Wem diese Kalorienbomben nicht reichen, kann Eishörnchen nachladen, zusammengepackt im 12er-Pack. Und zwar für jeden Geschmack: Schoko und Vanille mit Früchten. Gezahlt werden kann auch mit Scheck und Kreditkarte.

 ständig wechselndes Angebot an Torten, Eishörnchen etc.

 Handelsware.

 teilweise über 50 %, z.B. Torten für 8 DM gegenüber 20 DM Ladenpreis.

 4020 Mettmann, Seibelstr. 36, Laden vor dem Werksgelände.

 02104/219-0.

 Di-Fr 10.00-12.00 Uhr / 12.30-18.00 Uhr.

 A 3 Köln-Arnheim, Ausfahrt Mettmann, B 7 nach Mettmann, dann Richtung Wülfrath.

Dressen Bekleidungsbetriebe

Kinderhosen auf Kreditkarte

Kinderhosen für Jungen und für Mädchen präsentiert der Textilwarenhersteller Dressen nur montags und freitags in seiner Lagerhalle. Die Größen: 68-176. Neben Barzahlung werden auch Scheck und Kreditkarte angenommen. Nach dem Einkauf durch die Mönchengladbacher Innenstadt zu schlendern, lohnt sich auf jeden Fall. Die Altstadt kann sich sehen lassen.

 Kinderhosen für Mädchen und Jungen Gr. 68-176.

 aktuelle Kollektionsware, 1. Wahl.

 30 % und mehr.

 4050 Mönchengladbach, Wickratherstr. 109, Verkauf auf dem Werksgelände.

 02166/48071.

Mo 10.00-12.00 Uhr / 14.00-16.00 Uhr, Fr 10.00-12.00 Uhr.

 A 61 Koblenz-Venlo, Ausfahrt Mönchengladbach-Wickrath, Richtung Mönchengladbach.

 02161/6670.

 Mo-Do 13.00-18.00 Uhr.

 A 52 Düsseldorf-Mönchengladbach, Ausfahrt Mönchengladbach-Neuwerk, Richtung Neuwerk.

Mönchengladbach

Hannen-Brauerei

Kein Bier im Brauerei-Shop

Gutes Altbier kommt nicht allein aus Düsseldorf, sondern z.B. auch aus Mönchengladbach. Dort fließt es aber nicht für die Brauerei-Besucher. Hier in der Verkaufsboutique auf dem Werksgelände kann man die Accessoirs fürs Biertrinken erwerben, Dinge, die im Einzelhandel sehr selten zu bekommen sind: Biergläser, Thekenschürzen, Untersetzer.

 Biergläser, Thekenschürzen etc.

 1. Wahl-Ware, selten 2. Wahl-Ware.

 nur bei 2. Wahl-Ware.

 4050 Mönchengladbach, Senefelderstr. 25, Verkaufsboutique auf dem Werksgelände.

Mönchengladbach

Lennartz Herrenhosen GmbH

Nicht nur Hosen

Lennartz hat sich zur Kleiderfabrik gemausert. Dort gibt es nicht nur Herrenhosen, sondern auch Hosen für die Frau sowie Pullover, Hemden und manchmal sogar Anzüge und Sakkos. Den Verkauf von Fehlerware legte die Kleiderfabrik ins idyllische Borschemich.

 Herrenhosen, Pullover, Hemden, teilweise Damen-Jeans aus eigener Produktion.

 1. Wahl-Ware, selten 1b-Ware mit kleinen Fehlern.

 etwa 25 %.

 5141 Borschemich, An der Kirche, Werksladen.

02166/16076.

 Di/Mi/Do   16.00-18.30
Uhr, Fr 13.30-18.30 Uhr,
Sa 8.30-14.00 Uhr.

 A 61 Mönchengladbach-
Köln, Ausfahrt Mönchen-
gladbach-Wickrathberg,
Richtung   Wanlo,   Borschemich.

 4050 Mönchengladbach, Rei-
herstr., Ladengschäft.

 02161/6140 (Zentrale, nicht
Laden; hier Auskunft erhältlich.

 Mo/Mi/Fr   14.30-18.00
Uhr, Sa 9.00-14.30 Uhr.

 A 52 Düsseldorf-Mönchen-
gladbach, A 61 Köln-Ven-
lo, Ausfahrt Mönchenglad-
bach Zentrum.

Mönchengladbach

MEXX

Top-Mode zu Top-Preisen

Brandaktuelle Mode bietet der
Zeitgeisthersteller MEXX schon
seit Jahren im eigenen Laden in
Mönchengladbach an. Zwar kein
Geheimtip mehr, aber immer
noch lohnenswert für einen Abstecher auf dem Weg nach Holland
oder Belgien. MEXX bietet ausschließlich 1. Wahl-Qualitäten
und die aktuelle Kollektion in seinem Laden an. Trotz Preisnachlässen von über 20 % ist der Laden
nur in den Stoßzeiten überlaufen.

 Mode für Damen, Herren
und Kinder.

 Nur 1. Wahl, aktuelle Kollektion.

 etwa 25 %.

Mönchengladbach

Max Dimke GmbH

Hier geht es um die Wurst

Dimke Wurstwaren findet man in
so mancher Wursttheke in Dis-
count-Läden: Fleischwurst, Bier-
schinken, Teewurst und vieles
mehr. Bei Max Dimke in Mönchengladbach   können   auch
Nicht-Mitarbeiter im Verkaufsladen auf dem Werksgelände zugreifen. 20-30 % werden hier auf
alle Fleisch- und Wurstwaren gewährt. Regelmäßig offeriert die
Wurstfabrik zudem Sonderangebote für die Kunden. Da der
Laden nicht rund um die Uhr
besetzt ist, sollten Interessenten
vorher Frau Gatzen anrufen.

Wurst- und Fleischwaren.

 1. Wahl-Waren.

 20-30 %.

 4050 Mönchengladbach 4, Trompeterallee 172, Ladengeschäft auf dem Werksgelände.

 02106/5026.

 keine offiziellen Verkaufszeiten, telefonische Rücksprache.

 A 61 Köln-Venlo, Ausfahrt Mönchengladbach-Rheydt, Richtung Rheindahlen.

Mönchengladbach

Michele Textilvertrieb

Michele zieht an

Beim Michele Textilvertrieb kann man so manchen „Blauen" sparen. Bei Musterstücken der Kollektionen oder bei Fehlerware liegen die Preisabschläge über 30 %. Der Textilvertrieb kauft außerdem Blazer und Jacken von Katarina Hepfer hinzu. Auch die können ab „Fabrik" günstig erworben werden. Beispiel: Damen-

blazer für den Winter in Wolle ab 300 DM.

 Damenoberbekleidung von Michele, Zukauf von Katarina Hepfer.

 Handelsware, bei Michele-Artikeln auch 1b-Ware mit kleinen Fehlern.

 30 % und darüber.

 4050 Mönchengladbach, Waldnielerstr. 50, Verkaufsraum auf dem Werksgelände.

 02161/300802.

 Mo-Fr 14.00-18.00 Uhr.

 A 61 Mönchengladbach-Venlo, Ausfahrt Mönchengladbach-West Richtung Waldhausen.

Mönchengladbach

Wilh. Rees Tuchfabrik

Stoffe für gute Kleidung

Hier werden aktuelle Stoffe für die Oberbekleidungsindustrie produziert. Wenn sie nicht mehr aktuell sind, werden sie als Restposten, auch gegen Scheck, Besuchern angeboten. Die Stoffe sind

1. Wahl und werden in der Regel zu Hosen, Sakkos, Anzügen und Mänteln verarbeitet.

 Stoffe für Damen und Herrenoberbekleidung.

 Handelsware dazu Restposten aus der alten Kollektion.

 etwa 25-30 %.

 4050 Mönchengladbach-Wickrath, Poststr. 40, Verkaufsraum auf dem Werksgelände.

 02166/5055.

 Di/Do 8.00-12.00 Uhr.

 A 61 Koblenz-Venlo, Ausfahrt Mönchengladbach-Wickrath.

Mülheim/Ruhr

Bungerts Gerbhaut GmbH

Die gegerbte Haut für Möbel

Bungerts Leder kriegt man rund 25 % billiger als im Laden. Aber einen solchen Laden muß man erst mal finden: Wo gibt es schon Leder und Veloursleder zum Beziehen von Polstermöbeln? Allerdings verkauft Bungerts Gerbhaut 1a-Qualitäten, und die haben ihren Preis. Der laufenden Meter ist ab 30 Mark zu bekomen.

 Leder in allen Variationen für Möbel, Taschen, Kleidung etc.

 1. Wahl-Ware, seltener auslaufende Muster.

 rund 20-25 %.

 4330 Mülheim-Saarn, Nachbarsweg 25, Verkauf auf dem Werksgelände.

 0208/485031.

 keine offiziellen Verkaufszeiten, telefonische Rücksprache.

 A 430 Duisburg-Dortmund, Ausfahrt Mühlheim-Oberhausener Str. B 223 durch Mühlheim hindurch, Richtung Saarn.

Mülheim/Ruhr

Trico-Line GmbH

Strandkleidung aus dem Hafen

Groß ist er nicht, aber es gibt ihn – den Mülheimer Hafen. Die Stadt liegt ja schließlich an der Ruhr. Außerdem entwickelte sich Mülheim auf der Achse Essen-Düsseldorf in den letzten Jahren zum Umschlagplatz für Mode. Bei Trico-Line bekommt man Frei-zeit-, Bade- und Strandkleidung. Auch Jogginganzüge können mit rund 30 % Ersparnis erstanden werden. Zur Zeit baut die Firma gerade einen Laden für den Werksverkauf. Man kann aber jetzt schon anrufen und vorbei-kommen.

 Freizeitkleidung.

 1. Wahl-Ware, 1b-Waren und auslaufende Kollektio-nen.

 rund 20-30 %.

 4330 Mülheim 14, Lahnstr. 26.

 0208/53021.

 stehen noch nicht fest, tele-fonisch nachfragen.

 A 430 Duisburg-Dort-mund, AK Duisburg-Kai-serberg, Richtung Essen, Ausfahrt Kaiserberg, Rich-tung Mülheim-Hafen, Nähe Hafenbahnhof.

Mülheim/Ruhr

Wissoll-Werke Wilh. Schmitz

Kindergeburtstag

Manch einer meint, die weißen Dominosteine seien unglaublich gut. Andere schwören auf die Fruchtgelee-Teile. Wieder andere greifen voll in die Pralinenaus-wahl. Rund ein Viertel des Prei-ses gegenüber dem Einzelhandel sparen auf jeden Fall die Liebha-ber süßer Sachen, wenn sie direkt beim Erzeuger Wissoll einkaufen. Vor den Feiertagen wird es im Laden immer etwas voller.

 Schokolade, Pralinen etc.

 Handelsware.

 etwa 25 %.

 4330 Mülheim-Speldorf, Ul-menallee, Verkaufsraum auf dem Werksgelände.

0208/581-1.

 Mo-Do 13.00-16.00 Uhr, Fr 13.00-15.00 Uhr.

 A 430 Duisburg-Dortmund, Ausfahrt Mülheim-Oberhausener Str., B 223 Richtung Mülheim, Mülheim-Broich.

Mülheim/Ruhr

Gross-Süßwaren

Drei Kilo Pralinen

Mindestens drei Kilogramm Pralinen, Cremehütchen oder Geleebonbons werden auf den Ladentisch im Werksgelände gelegt. Gleiche Qualität wie im Handel, hier aber rund 35 % billiger. Und außerdem: im Frühling, Sommer und Frühherbst ist das blühende Terrain der Landesgartenschau an der Ruhr auf jeden Fall eine Reise nach Mülheim wert.

 Geleebonbons, Gummibonbons, Walnußpralinen, Cremehütchen in 3-kg-Abpackungen. Auf Vorbestellung auch 500-g-Packungen möglich.

 wie im Handel.

 etwa 35 %.

 Gross-Süßwaren, 4330 Mülheim/Ruhr, Sandstr. 20, Verkaufsraum auf dem Werksgelände.

 0208/473476.

 Fr 8.00-17.30 Uhr.

 A 430 Duisburg-Dortmund, Ausfahrt Mühlheim-Oberhausener Str. B 223 Richtung Mühlheim-Zentrum, hinter den Mannesmann Rohrenwerken links.

Mülheim/Ruhr

Lindgens GmbH

Lederwaren nicht vom Hersteller

Lindgens ist einer der großen Lederhersteller in Mülheim. Aber Leder kann der Kunde nicht kaufen. Zwar wird groß für einen Werksladen geworben, allerdings gibt es dort nur Aufkaufware diverser Lederverarbeiter: Polstermöbel, Lederkleidung, Taschen etc. Die Qualität ist natürlich, wie sollte man beim Hersteller anderes vermuten, allererste Wahl. Der Preis auch.

 Lederpolstermöbel, Damen- und Herrenlederbekleidung etc.

 1. Wahl-Ware.

 fast keine, da Preise wie im Einzelhandel.

 4330 Mülheim-Broich, Kassenberg 2, Verkaufsraum am Werksgelände.

 0208/4290220.

 Mo-Fr 10.00-18.30 Uhr, Sa 9.00-14.00 Uhr.

 A 430 Duisburg-Dortmund, Ausfahrt Mülheim Oberhausener Straße, B 223 Richtung Mülheim bis Broich.

Worring Ledergroßhandel

Ein Anzug für das Canapé

Sie nennen ein altes, wunderschönes Canapé ihr eigen. Allerdings ist der Stoff zerschlissen, und die Kanten sind abgewetzt. Einen Polsterer, der das gute Stück beziehen kann, haben Sie schon ausgemacht. Jetzt fehlt noch der Stoff oder ein passendes Leder, vielleicht in Pink oder Lila. In der Lederstadt Mülheim/Ruhr können Sie zum Beispiel bei Worring ganze Häute kaufen. Der Quadratmeter kostet mit Preisen ab 40 Mark nicht wesentlich mehr als ein neuer Bezug in Textilien. Bei Veloursleder hat Worring auch schon Verkaufsgrößen ab 1,5 Quadratmeter.

 Lederhäute, Veloursleder.

 1. Wahl-Ware, 2. Wahl mit kleinen Schönheitsfehlern.

 ab 40 DM/m^2

 4330 Mülheim, Neckarstr. 12-16, Ladengeschäft auf Werksgelände.

 0208/52602.

Mo-Do 8.00-13.00 Uhr / 14.00-16.30 Uhr, Fr 8.00-13.30 Uhr.

 A 430 Duisburg-Dortmund, Ausfahrt Kaiserberg, Richtung Mülheim-Hafen, Nähe Hafenbahnhof.

Münster

Häckel Lederbekleidung

Kleider für das Motorrad

Preisgünstige Motorradbekleidung läßt sich hier mitnehmen. Die Rechnung kann mit Scheck und auch mit Kreditkarte beglichen werden. Die Ware ist aus eigener Produktion und in jedem Falle 1. Wahl. Neben Jacken, Hosen und Kombis sind auch Motorradstiefel im Angebot. Preiswert ist auch die fernöstliche Importware, die Häckel hier lagert. Wer hier einkaufen will, sollte sich auf jeden Fall im Werksbüro melden.

 Motorradbekleidung für Damen und Herren.

 Handelsware aus eigener Produktion.

 30 %.

 4400 Münster, Buldernweg 37-39, Verkaufsraum auf dem Werksgelände.

 0251/785411.

 Mo-Do 7.30-17.00 Uhr, Fr 7.30-14.30 Uhr, Sa 7.30-12 Uhr.

 A 1 Dortmund-Bremen oder A 43 Wuppertal-Münster, Ausfahrt Münster-Süd, Gewerbegebiet Süd.

Nettetal

Fonda Schuhfabrik GmbH

Vorbeigehen im Nettetal

Einfach mal vorbeigehen – könnte bei Fonda die Devise heißen. Hier werden Herrenschuhe produziert. Eigentlich verkauft Fonda ab Werk nichts, aber erstehen kann jedermann 1. Wahl-Ware, 2. Wahl-Ware mit kleinen Fehlern und natürlich die Auslaufmodelle der Vorjahreskollektionen. Aber wer am Niederrhein nicht so oft vorbeikommt, der kann auch anrufen. Oder einen Ausflug nach Holland mit dem Schuhkauf verbinden. Täglich ab 16.00 Uhr…

Herrenschuhe.

 1. Wahl, 2. Wahl-Ware sowie Auslaufmodelle.

 rund 25-30 %.

 4054 Nettetal, Schaagkind 52/53, Verkaufsraum auf dem Werksgelände.

 02153/71616.

 täglich nach 16.00 Uhr, besser telefonisch anmelden.

 A 61 Mönchengladbach-Venlo, Ausfahrt Lobberich oder A 2 Oberhausen-Venlo, Ausfahrt Wankum.

 Bettwäsche, Handtücher etc.

 Handelsware, selten 2. Wahl mit kleinen Fehlern.

 etwa 25 %, z.B. eine Bettgarnitur in Satin 57,50 DM, in Biber 32,50 DM.

 4054 Nettetal, Lötsch 24, Verkaufsraum auf dem Werksgelände.

 02153/72435.

 Mo-Do 17.00-18.00 Uhr.

 A 61 Mönchengladbach-Venlo, Ausfahrt Nettetal oder A 2 Oberhausen-Venlo, Ausfahrt Wankum.

Nettetal

Franz Peters

Sticknachmittage

Bei Franz Peters können Freunde traditioneller Wäschekultur zweifach auf ihre Kosten kommen: Es gibt sie hier noch, die gute alte bestickte Bettwäsche. Und zudem zu günstigen Preisen. Allerdings ist im Laden von Peters seltener fehlerhafte Ware zu finden. Daher kommen die Preisnachlässe kaum über 25 % hinaus.

Nettetal

Klumpen & Söhne

Arbeitsschuhe – was denn sonst

Bei Klumpen & Söhne, kurz vor der niederländischen Grenze, nähen und kleben die Arbeiterinnen und Arbeiter Arbeitssicherheitsschuhe und sonstige Arbeitsschuhe. Es wird im Werksverkauf allerdings nur 1. Wahl-Ware angeboten, daher wird oftmals nicht mehr Nachlaß als 25 % gewährt.

Arbeits- und Schutzschuhe.

 Handelsware.

 etwa 25 %.

 4054 Nettetal, Natt 18, Verkaufsraum auf dem Werksgelände.

 02153/72027-9.

 Mo-Do 8.00-12.00 Uhr / 13.00-16.00 Uhr, Fr 8.00-12.00 Uhr.

 A 61 Mönchengladbach-Venlo, Ausfahrt Nettetal oder A 2 Oberhausen-Venlo, Ausfahrt Wankum.

posten aus der laufenden Kollektion in der Lagerhalle.

 Teppichböden aller Art.

 Handelsware und Restposten aus der laufenden Kollektion.

 etwa 30-40 %.

 4054 Nettetal, Niediecker Str. 47, Verkauf auf dem Werksgelände.

 02153/1015.

 Mo-Fr 8.00-12.30 Uhr / 13.00-16.00 Uhr.

 A 61 Mönchengladbach-Venlo, Ausfahrt Nettetal oder A 2 Oberhausen-Venlo, Ausfahrt Wankum.

Nettetal

Longlife Teppichboden Berndt Cleven

Teppichböden nach Termin

Longlife-Teppichböden aller Art und zu vier und fünf Meter Breite lagern in einer Halle auf dem Werksgelände. Zwar sind Zeiten für den Verkauf an Privatkunden festgelegt, doch sollte man sich zuvor am Telefon über das Angebot erkundigen. Meist liegen Rest-

Neuenkirchen/Steinfurt

Neuenkirchener Textilwerke Hecking

Jeans für alle

Jeans für die Familie werden im Laden vor dem Werkstor angeboten. Manche Hosen sind etwas fehlerhaft. Dafür liegt der Preis etwa ein Drittel unter dem Ladenverkaufspreis. Nicht verfahren: das Jeans-Neuenkirchen liegt bei Steinfurt, nicht zu verwechseln mit dem Örtchen Neuenkirchen bei Osnabrück. Unser Einkaufsort befindet sich im wunderschönen Grenzgebiet zu den Niederlanden. Am Ufer der Vechte, die Richtung Holland plätschert, können erholsame Spaziergänge unternommen werden.

 Jeanskleidung.

 1. Wahl-Ware, teilweise auch 1b-Ware mit kleinen Fehlern.

 etwa 25-30 %.

 4445 Neuenkirchen/Kreis Steinfurt, Industriestr., Laden vor dem Werksgelände.

 05973/64-0.

 Mo-Fr 9.00-12.00 Uhr / 14.00-16.00 Uhr.

 A 30 Bad Oeynhausen-Hengelo, Ausfahrt Rheine-Kanal/Hafen Richtung Rheine, B 65/B 70 bis Neuenkirchen.

Paradies GmbH

Schlafanzüge aus dem Hippeland

Im tiefsten „Hippeland" am Niederrhein lassen sich preisgünstig Utensilien für die Nacht erwerben: Bettwäsche, Betten, Steppbetten und Kopfkissen, Schlafsäcke, Lattenroste und auch Nachtwäsche. Auch für Kinder ist letztere im Angebot. Im Verkaufsraum auf dem Werksgelände stapeln sich die 1b-Waren mit kleinen Fehlern und viele preisgünstige Auslaufmodelle.

 Betten, Bettwäsche, Schlafsäcke etc.

 alles 1b-Ware, viele günstige Auslaufmodelle.

 etwa 30-50 %.

 4133 Neukirchen-Vluyn, Rayener Str. 14, Verkaufsraum auf dem Werksgelände.

 02845/203-1.

 Mo-Do 14.30-17.00 Uhr, Mi 14.30-18.00 Uhr.

 A 2 Hannover-Venlo, Ausfahrt Neukirchen-Vluyn, Stadtteil Vluyn.

Neuss

Vanilia Fashion

Marken-Mode mit markanten Preisen

Hier wird an fünf Tagen in der Woche Marken-Mode von Vanilia verkauft, meist 1. Wahl-Ware. Die Preise gehen in den Keller: um 25 % und mehr. Manche Stücke haben kleine Schönheitsfehler. Gezahlt werden kann auch mit Scheck.

 junge Mode.

 1. Wahl-Ware, 2. Wahl-Ware mit kleinen Fehlern.

 etwa 25 %.

 4040 Neuss, Im Taubenthal 41, Verkaufsraum auf dem Werksgelände.

 02131/35025.

 Mo-Fr 11.00-18.30 Uhr, Do 11.00-20.30 Uhr, Sa 9.00-14.00 Uhr.

 A 57 Krefeld-Köln, Ausfahrt Neuss Norf, Richtung Grimmlinghausen

Nordhorn

Chico-Zweirad-Fabrik

Angebote für Tourer

Im ostwestfälisch-niedersächsischen Raum hat der Fahrradbau Tradition. Das flache Land inspirierte immer schon zum Zweiradfahren. Chico, vor allem ein Markenname für Kinderräder, bietet aber mehr: Citycruiser für rund 500 DM, Tourenräder unter 500 DM sowie Rennmaschinen und Mountainbikes. Bei den Preisen lohnt die Fahrt nach Niedersachsen.

 Damen-, Herren- und Kinderfahrräder, Tourenräder, Citybikes, Mountainbikes etc.

 1. Wahl, 1b-Waren, Fabrikationsfehler, Lackschäden etc.

 etwa 30 %, z.B. 28er Citycruiser 518 DM, Herren tourenrad mit 18-Gang-Shimano-Schaltung 459 DM.

 4460 Nordhorn (Blanke-Nord), Marienburgerstr. 15, Verkaufsraum auf dem Werksgelände.

 05921/12091.

Mo-Fr 8.00-13.00 / 13.30-16.45 Uhr (Fr.bis 15.15 Uhr).

 4460 Nordhorn, Friedrichstr. 8, Ladengeschäft vor dem Werk.

A 30 Bad Oeynhausen-Hengelo, Ausfahrt Bad Bentheim/Nordhorn, B 403 Richtung Nordhorn.

 05921/91-0.

 Mo-Fr 9.00-12.30 Uhr / 13.30-18.00 Uhr.

A 30 Bad Oeynhausen-Hengelo, Ausfahrt Nordhorn/ Bad Bentheim, B 403 Richtung Nordhorn.

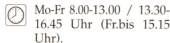
Nordhorn

Nino AG

Seide aus Nordhorn

Oberbekleidung für Damen und Herren gibt es bei Nino in Nordhorn, der Stadt an der niederländischen Grenze. Im Verkaufsladen vor dem Werk liegen T-Shirts, Oberhemden, aber auch Bettwäsche, Damen- und Herrenunterwäsche. Preis-Tiefflieger sind Seidenoberhemden, die hier ab 35 DM kosten, oft 1. Wahl-Ware, manchmal auch Ware mit kleinen Fehlern. Gezahlt werden kann auch mit Scheck.

Nordwalde

C.& F. Fraling GmbH

Bademäntel für die Familie

Mit dem Zug nach Nordwalde zu fahren, ist ein Erlebnis – eine Bimmelbahn hält am einzigen Gleis des kleinen Bahnhofs. Auf der Ladentheke im Werk liegen für die Anreisenden Frotteewaren, Bettwäsche und Tischdecken bereit. Hier kann sich die Familie für ihre Saunagänge einkleiden. Ein Herrenbademantel – meist 1. Wahl-Ware – kostet 70 DM, zahlbar auch mit Scheck.

 Damen und Herrenoberbekleidung etc.

 1. Wahl-Ware, teilweise auch 1b-Ware mit kleinen Fehlern.

 etwa 25-30 %.

Bett- und Tischwäsche, Frotteewaren.

 1. Wahl-Ware, teilweise auch 1b-Ware mit kleinen Fehlern.

 etwa 25-30 %.

 4418 Nordwalde, Gewerbegebiet-West (ausgeschildert), Verkaufsraum auf dem Werksgelände.

 Mo-Do 9.30-12.30 Uhr / 13.00-17.00 Uhr, Fr 9.30-12.30 Uhr.

 A 1 Dortmund-Bremen, Ausfahrt Münster-Nord, B 54 Richtung Steinfurt/Nordwalde.

 Anzüge, Hosen, Sakkos, Smoking, Smokinghemden, Fliegen, Krawatten.

 Kundenreklamationen, Auslaufmodelle, Einzelstücke, 1b-Ware mit kleinen Fehlern.

 Smoking z.B. von 360-420 DM.

 Wilvorst GmbH, 3410 Northeim, Breslauerstr., Verkaufsraum auf dem Werksgelände.

 05551/791227.

 Mi/Fr 15.00-18.00 Uhr, Sa 9.00-12.00 Uhr.

 A 7 Kassel-Hannover, Ausfahrt Northeim West.

Northeim

Wilvorst GmbH

Mit Smoking und Fliege...

... verlassen Sie die Fabrik. Hier wird Herrenbekleidung für alle Lebenslagen angeboten: Freizeit-Sakkos, Anzüge, Smokinghemden und die dazugehörenden Jakken. Northeim liegt auf der Höhe Paderborns, wenige Kilometer von der Kaiserstadt Goslar am Fuße des Harzes entfernt. Ein Abstecher lohnt sich.

Oberhausen

Basamentwerk Böcke

Gutes Pflaster für Häuslebauer

Gutes Pflaster vor dem Haus kostet meist soviel wie ein guter Teppichboden im Wohnzimmer. Hier kann der Quadratmeter Pflasterstein schon ab 14,50 DM gekauft werden. Aufladen kann man auch Baustoffe für Terrassen, Treppen, Straßen und Wege.

Die Ware, auch per Scheck bezahlbar, hat manchmal kleine Schönheitsfehler.

 Baustoffe für Terrassen, Treppen etc.

 1. Wahl-Ware, 2. Wahl-Ware mit kleinen Fehlern.

 25 %.

 4200 Oberhausen 11, Von-Trotha-Str. 143, Verkauf auf dem Werksgelände.

 0208/6909-0.

 Mo-Fr 8.00-16.30 Uhr.

 A 2 Köln-Oberhausen, Ausfahrt Oberhausen-Holten, links Richtung Oberhausen-Sterkrade, 1. Ampel links, Industriegebiet.

Oelde

Sprick-Fahrräder

Billigräder noch günstiger

Meistens stehen sie in Supermarktketten oder kommen uns im Versandhauskatalog unter: Fahrräder von Sprick aus Oelde. Dort sind sie günstig im Preis. Direkt ab Fabrik sind sie supergünstig. Sprick bietet die gesamte

Fahrradpalette vom Kinderrad bis zum Mountainbike für Damen oder Herren. Bei Rädern mit Lackfehlern sind einige Hunderter zu sparen.

 Fahrräder für Damen, Herren und Kinder, Tourenräder, Stadträder, Mountainbikes etc.

 1. Wahl, Waren mit Lackschäden.

 etw 20 %, z.B. Tourenrad mit 3-Gang-Nabenschaltung ab 265 DM.

 4740 Oelde-Stromberg, Oelder Tor 9, Verkaufsraum im Werk.

 02529/88-0.

 Mo-Fr 14.00-17.00 Uhr, Sa 9.00-12.00 Uhr.

 A 2 Oberhausen-Hannover, Ausfahrt Oelde, B 61 Richtung Stromberg.

Oerlinghausen

Brinkmann Kleiderfabrik

1a-Latzhosen

Hermann, der Cherusker, soll hier die Römer verjagt haben, wenn man dem nahegelegenen Hermanns-Denkmal glauben will. Eine kleine Rundreise durch die Senne, nach Paderborn, wo die Paderquellen mitten in der Stadt aus dem Boden sprudeln oder nach Detmold mit seinen alten Fachwerkhäusern ist amüsant und interessant – nach dem Kauf von Latzhosen, Kitteln oder Berufsmänteln für Damen und Herren bei Brinkmann in Oerlinghausen. Der Kauf lohnt sich: die Kleider für die Arbeit sind 25 % billiger als im Handel.

 Hosen für Damen und Herren, Berufsbekleidung wie Latzhosen, Kombis, Berufsmäntel, Kittel.

 Hosen 1. Wahl- und 1b-Ware, Berufbekleidung meist 1. Wahl-Ware.

 etwa 25 %.

 Brinkmann Kleiderfabrik, 4811 Oerlinghausen, Hanegge 2-6, Verkaufsraum auf dem Werksgelände.

 05202/4067.

 Mo-Do 7.30-12.00 Uhr / 13.00-16.30 Uhr, Fr 7.30-12.00 Uhr.

 A 2 Dortmund-Hannover, Ausfahrt Bielefeld-Zentrum, Richtung Detmold/ Oerlinghausen.

Oer-Erkenschwick

Bernhard Barfuss GmbH

Wurst aus dem Westfälischen

Barfuss ist einer der großen Wurst- und Fleischanbieter im nördlichen Ruhrgebiet. Gut ein Viertel des Preises können Kunden sparen, wenn sie den Aufschnitt im Kilo bei Barfuss kaufen. Auch die sonstigen Fleischwaren in der Theke des Verkaufsraumes sind zu empfehlen.

 Fleisch- und Wurstwaren.

 1. Wahl-Waren.

 rund 20-25 %.

 4353 Oer-Erkenschwick, Industriestr. 8-14, Verkaufsladen auf dem Werksgelände.

 02368/61-1.

 Sa 8.00-12.00 Uhr.

 A 43 Wuppertal-Münster, Ausfahrt Marl-Sinsen, Richtung Oer-Erkenschwick (Industriegebiet).

Kynast AG Fahrrad- und Metallwarenfabrik

Hollywood in Quakenbrück

Auch wenn die Ware ein Drittel billiger ist als im Geschäft: Man muß sich nicht verschaukelt fühlen. Denn die Schaukeln sind 1. Wahl. Kinderschaukeln und Hollywood-Schaukeln sind im Angebot. Für Muskelpakete stehen auch Hantelbänke im Verkaufsraum. Vor allem aber sind Fahrräder das Spitzenprodukt der Kynast-Fabrik. Kleine Fehler senken den Preis sogar tiefer als 30 %. Mit Scheck kann man auch bezahlen.

 Fahrräder, Rasenmäher, Gartenmöbel etc.

 1. Wahl-Ware, teilweise auch 1b-Ware mit kleinen Fehlern.

 etwa 25-30 % und mehr.

 4570 Quakenbrück, Artlandstr. 55, Verkaufsraum auf dem Werksgelände.

 05431/120.

 Mo-Fr 14.00-17.30 Uhr, Sa 9.00-12.00 Uhr.

 A 1 Dortmund-Bremen, Ausfahrt Holdorf, B 214 Bersenbrück, B 68 bis Quakenbrück.

Jopeko Keramik KG

Optimale Lagerhaltung

Keramikgefäße sind der optimale Aufbewahrungsort für Lebensmittel. Brot, Kartoffeln, Zwiebeln und vieles mehr bleibt in den aus Erde gebrannten Töpfen länger frisch und behält sein natürliches Aroma. Kurz hinter der Landesgrenze in Rheinland-Pfalz produziert Jopeko Keramik, darunter auch Blumen-Übertöpfe, Vasen und Gefäße für Salz, Zucker und Mehl.

 Keramikgefäße für Brot, Kartoffeln.

 Handelsware, selten 1b-Ware, teilweise Ware aus auslaufender Kollektion.

 rund 25-30 %.

 5412 Ransbach-Baumbach, Rheinstr. 146, Ladengeschäft vor dem Werksgelände.

 02623/2268.

Mo-Fr 9.00-12.00 Uhr / 14.00-17.00 Uhr.

 A 3 Köln-Frankfurt, Ausfahrt Ransbach-Baumbach.

Ratingen

Esprit

Klamotten für Kids und andere

„Was würdest Du tun?" fragen Esprit-Jugendliche von den Werbetafeln herab. Natürlich die berühmte Marke im berühmtesten Ab-Werk-Verkauf Nordrhein-Westfalens erwerben. Bis zu 50 % ist der Preis für alle möglichen Esprit-Klamotten herabgesetzt. Der Verkaufsraum in Ratingen ist oft rappelvoll. Neben Barzahlung kann auch ein Scheck und sogar die Kreditkarte auf die Ladentheke gelegt werden. Allerdings sollte man sich die Sachen mit einem kritischen Auge anschauen.

 Damen-, Herren- und Kinderkleidung.

 ältere Kollektionen, 1. und 2. Wahl-Ware.

 etwa 30-50 %.

 4030   Ratingen-Tiefenbroich, Am Rosenkothen 2, Verkaufsraum.

 0211/61060.

 Mo-Fr 11.00-18.30 Uhr, Sa 9.00-14.00 Uhr, langer Sa 9.00-16.00 Uhr.

 A 52 Düsseldorf/Zubringer-Essen, Ausfahrt Ratingen-Tiefenbroich, Richtung Tiefenbroich.

Remagen

Schauff

Rudi Altigs Räder

Schauff ist ein Traditionsname für deutsche Radbaukunst. In den 60er schworen unsere Eltern auf das Schauff-Velo. Heute preist Rudi Altig die City-Bikes und Tourer des Remagener Hauses an. Und er hat recht: Die Fahrrad-Schmiede produziert Top-Qualität, die zudem direkt ab Werk günstig erstanden werden kann. Vom Kinderrad bis zum Rennsportrad findet man alles im Verkaufsraum am Werk.

Fahrräder für Kinder, Damen und Herren.

 1b-Qualität, Ware mit Lackfehlern.

 rund 25 % gegenüber Ladenverkaufspreis, z.B. Citybike ab 599 DM, bei Lackschäden größerer Preisnachlaß.

 Schauff GmbH, 5480 Remagen, Zeppelinstraße, Ladengeschäft vor dem Werk/In der Wässerscheid.

 02642/22910.

 Mo-Fr 9.30-18.00 Uhr, Sa 9.30-12.30 Uhr.

 A 61 Köln-Koblenz, Ausfahrt Bad Neuenahr/Remagen oder Sinzig, dann B 266 nach Remagen.

25 % billiger und zwar ohne Fehler!

 Herren-, Damen- und Kinderwäsche, Nachtwäsche, Bettwäsche (von Vossen), Frotteeware, Bademäntel, Jogginganzüge, Socken, Oberhemden, Miederwaren.

 1. Wahl-Ware, Wäschegröße 4 bis 8.

 etwa 25 %.

 Baumhüter, 4840 Rheda-Wiedenbrück, Freigerichtsstr. 10, Verkaufsraum auf dem Werksgelände.

 05242/596-0

 Mo-Fr 8.30-17.30 Uhr.

 A 2 Oberhausen-Hannover, Ausfahrt Rheda-Wiedenbrück.

Rheda-Wiedenbrück

Baumhüter

Spitzenqualität auf der Haut

Baumhüter ist ein Begriff für Wäsche. Seit Jahrzehnten in der ostwestfälischen Textilregion angesiedelt, bietet die Firma Herren-, Damen- und Kinderwäsche, Nachtwäsche und Jogginganzüge an. Außerdem gibt es Markenbettwäsche von Vossen, das bis zu

---

Rheda-Wiedenbrück

Dornbusch GmbH

Oberhalb der Gürtellinie

Hinter der großen Toreinfahrt gibt es alles oberhalb der Gürtellinie: Herrenhemden, Damenblusen. Gezahlt werden kann für die 1. Wahl-Ware auch mit Scheck. Die Summe, die der Kunde einträgt, ist um ein Viertel geringer als im Handel. Wer Münsterland und Westfalen kennenlernen will, kann von hier aus Abstecher nach Gütersloh, Münster oder Bielefeld unternehmen.

 Herrenoberhemden, Damenblusen.

 1. Wahl-Ware, zum Teil auch 1b-Ware mit kleinen Fehlern.

 etwa 25 %.

 Dornbusch GmbH, 4840 Rheda-Wiedenbrück, Nonenstr., Verkaufsraum auf dem Werksgelände.

 05242/41102.

 Mo-Do 10.00-13.00 Uhr / 15.00-18.00 Uhr, Fr 10.00-17.00 Uhr.

 A 2 Oberhausen-Hannover, Ausfahrt Rheda-Wiedenbrück.

Rheda-Wiedenbrück

Interlübke
Gebr. Lübke GmbH

Marken-Kommoden bis 100 Kilometer lohnend

Anfahrt bis 100 Kilometer lohnt sich, meint die Verkaufsabteilung bei Interlübke. Und damit liegt sie nicht falsch. Hier herrscht meist großer Andrang, obwohl die Interessenten den Verkaufstermin nur am Telefon erfahren können. Dann wird die Lagerhalle auf dem Werksgelände nach Anbaumöbelplatten oder Einzelmöbeln für Schlaf- und Wohnzimmer durchsucht, oft Einzelteile aus einem Interlübke-Anbauprogramm oder beschädigte Möbelstücke. So kann eine Marken-Kommode mit 30 % Preisnachlaß erstanden werden.

 Top-Möbel für den Schlaf- und Wohnbereich.

 Einzelteile aus Anbauprogrammen, beschädigte Teile, Auslaufmodelle und Ausstellungsstücke.

 bis zu 30 %.

 4840 Rheda-Wiedenbrück, Ringstr.145/Westring, Verkauf aus Lagerhalle auf dem Werksgelände.

05242/12-1.

 mehrmals im Jahr, unregelmäßig, telefonisch nachfragen.

 A 2 Oberhausen-Hannover, Ausfahrt Rheda-Wiedenbrück.

 4840 Rheda-Wiedenbrück, Bosfelder Weg, Verkaufsraum auf dem Werksgelände.

 05242/412-0.

 jeden 2. Sa im Monat 8.00-12.00 Uhr.

 A 2 Oberhausen-Hannover, Ausfahrt Rheda-Wiedenbrück.

Rheda-Wiedenbrück

Lübke Möbelwerke GmbH

Lübke-Möbel 1. Wahl

Das Möbelstädtchen Rheda-Wiedenbrück offenbart den Besuchern interessante Marken: Lübke-Möbel, hauptsächlich 1. Wahl-Ware wird preisgünstig auf dem Werksgelände verkauft. Vitrinen gibt es schon ab 800 DM. Zu haben sind auch Eßtische, Stühle, Dielen- und Flurmöbel. Ab und zu stehen auch leicht beschädigte Möbel in der Lagerhalle. Man kann mit Scheck bezahlen.

 Möbel für den Wohn- und Schlafbereich.

 1. Wahl-Ware, wenig 1b-Ware mit kleinen Fehlern.

 bis zu 30 %.

Rheda-Wiedenbrück

Prophete Fahrräder

Geheimtip in Bikerszene

Bikes von Prophete gelten als Geheimtip in der Bikerszene. Aufwendig verarbeitete Rahmen, super abgestimmte Komponenten und einfallsreiches Design sind bei Prophete dominierend. Die Zweiradfabrik führt die gute Radbauertradition Westfalens fort. Wer hier ein Lackschaden-Bike 40 % unterm Ladenpreis ersteht, wird sich glücklich schätzen.

Fahrräder für Damen, Herren und Kinder, Tourenräder, Mountainbikes, Cityräder, Rennmaschinen etc.

 1. Wahl, Ware mit Lackschäden unregelmäßig.

 rund 20 % bei 1. Wahl, bei Lackschäden erheblich mehr.

 4840 Rheda-Wiedenbrück, Lindenstr. 49, Verkaufsraum auf dem Werksgelände.

 05242/41080.

 Mo-Fr 9.00-12.00 / 14.30-17.00 Uhr, Sa 8.00-12.00 Uhr.

 A 2 Oberhausen-Hannover, Ausfahrt Rheda-Wiedenrück.

Rheine

RZ Dyckhoff GmbH

Westfälischer Frottee

Der aufgerauhte Baumwollstoff avancierte wegen seiner Sanftheit und Saugfähigkeit in den 50er Jahren schnell zum beliebten Badeutensil. Waschhandschuhe, Bademäntel für Damen und Herren, Frottierwäsche – auch fürs Bett – produziert Dyckhoff in

Rheine. Qualitätsware mit kleinen Produktionsfehlern ist bis zu 30 % billiger. Preisbeispiel: der Herrenbademantel für 49 DM.

 Bettwäsche, Frottierwäsche, Bademäntel, Waschhandschuhe.

 1b-Ware mit kleinen Fehlern.

 bis zu 30 % gegenüber Ladenpreis.

 RZ Dyckhoff GmbH, 4440 Rheine 1, Hanenhorststr. 131, Verkaufsraum auf dem Werksgelände.

 05971/4008-0.

 Fr 13.00-14.15 Uhr.

 A 30 Bad Oeynhausen-Hengelo, Ausfahrt Rheine, Richtung Rheine oder A 1 Münster-Bremen, Ausfahrt Greven B 481 Richtung Rheine.

Rietberg

Conrad Schulte
Gebäckfabrik

**Biskuit-Bruch
und ganze Waffeln**

Wenn die Kekse in Ordnung sind, spart der Kunde rund 20 %. Beim Backwaren-Bruch sind die Preisnachlässe deftiger. In Rietberg bekommt man natürlich im Laden vor dem Werk auch entsprechend große Mengen. Vor Weihnachten oder zu Kindergeburtstagen werden hier ganze Kisten abgeholt.

 Dauergebäck, Spekulatius etc.

 vorwiegend 1. Wahl, teilweise 2. Wahl (Bruch).

 etwa 20 %.

 4835 Rietberg, Bentelerstr. 9, Verkaufsraum auf dem Werksgelände.

 02944/2053.

 Mo-Fr 8.00-12.30 Uhr.

 A 2 Oberhausen-Hannover, Ausfahrt Rheda-Wiedenbrück B 64 Richtung Paderborn/Rietberg.

Rietberg

Traumwelt-Werk
W. Lohnsberg

Traumwelt zu Traumpreisen

In Rietberg steht eine Traumfabrik, in deren Lagerhallen Traumwelt-Bettenwaren auf Abholer warten. Ihre Preise liegen um ein Drittel unter den Ladenverkaufspreisen. Französische Betten, Kopfkissen, Lattenroste oder Matratzen können in den Lieferwagen geladen werden. Rietberg selbst ist ein verträumter Ort, durch den die kleine Ems fließt – Ausgangspunkt für Wandertouren zwischen Gütersloh und Paderborn.

 Betten, Polsterbetten, Matratzen und Zubehör.

 1. Wahl-Ware, wenig 1b-Ware, Auslaufmodelle, Ausstellungsstücke.

 30 % und darüber.

 4835 Rietberg 1, Detmolderstr. 1.

 05244/5252.

 Mo-Fr 8.00-12.00 Uhr, Mi 14.00-18.00 Uhr.

A 2 Oberhausen-Hannover, Ausfahrt Rheda-Wiedenbrück.

 A 45 Dortmund-Frankfurt/Main, Ausfahrt Olpe, B 55 bis Lennestadt, B 236 bis Schmallenberg oder A 46 Arnsberg-Meschede, Ausfahrt Meschede B 55 bis Bremke, dann B 511 bis Schmallenberg.

Schmallenberg

Franz Falke Strumpffabrik

Socken für BOSS

Im Rothaargebirge produziert Franz Falke feine Strümpfe für BOSS und Dior. Fußkleider für Damen und Herren werden hier um ein Drittel billiger angeboten. Meist 1. Wahl-Ware, im Keller lagernd. Dafür kann man mit Scheck bezahlen.

 Strümpfe, Strumpfhosen, Kniestrümpfe für Damen, Herren und Kinder.

 1. Wahl-Ware, zum Teil kleine 1b-Auswahl.

 bis zu 30 %.

 Franz Falke Strumpffabrik, 5948 Schmallenberg, Ostr., Verkaufsraum (Keller) auf dem Werksgelände.

 02972/799-0.

 Mo-Fr 8.30-12.30 Uhr / 13.00-16.15 Uhr.

Solingen

Carl Wüsthoff Stahlwarenfabrik

Messerscharfe Qualität

Messer sind in zig Fabriken in der Klingenstadt Solingen zu günstigen Preisen zu erwerben. In der Carl Wüsthoff Stahlwarenfabrik geht der einkaufen, der das Besondere liebt: Qualität und Präzision. Beim Messer ist das Schmieden so wichtig wie der Schliff. Der Koch weiß, was ein dauerhaft scharfes Messer bedeutet. Bei Wüsthoff gibt es im Laden auf dem Werksgelände nur 1. Wahl-Qualitäten. Und über den Preis muß man sich mit dem Verkäufer einig werden. Allerdings, wer sparen will, ist hier nicht richtig.

Spezialmesser, Kochmesser, Brotmesser, Fleischmesser etc.

 ausschließlich 1. Wahl, keine Fehlerware.

 geringe Einsparungsmöglichkeiten.

 5650 Solingen, Felderstr. 43, Laden auf dem Werksgelände.

 0212/46228.

 keine festen Zeiten, telefonisch vereinbaren.

 A 3 Oberhausen-Köln, Ausfahrt Solingen/Langefeld, B 229 Richtung Solingen.

 Haushaltsmesser aller Art.

 Handelsware.

 rund 25-30 %.

 5650 Solingen-Gräfrath, In der Freiheit 13, Verkaufsraum auf dem Werksgelände, im Büro melden.

 0212/590985.

 kein offizieller Verkauf, telefonisch Termin vereinbaren.

 A 46 Düsseldorf-Wuppertal, Ausfahrt Haan-Ost, Richtung Solingen-Zentrum.

Solingen

Herbertz & Meurer

Schneidiges im kleinen Büro

Bei Herbertz & Meurer muß man anrufen und einen Termin vereinbaren, dann kann zum Kauf der schneidenden Stähle geschritten werden. Man meldet sich in einem kleinen Büro an, die Leute sind freundlich und zeigen die Auswahl: Fleischmesser, Brotmesser, Kochmesser und sogenannte Freizeitbestecke für das Picknick.

Solingen

Herder KG

Schlachterqualitäten für die Küche

Im Verkaufsraum auf dem Werksgelände bei Herder blitzt und blinkt es: Fleischmesser, Brotmesser, Kochmesser und beste Schlachtermesserqualitäten kann man hier erstehen. Produziert werden Spezialmesser für die Küche. Gegenüber dem Kauf im

Einzelhandel können rund 25 % gespart werden.

 Kochmesser, Schlachtermesser, Spezialmesser aller Art.

 Handelsware.

 rund 25-30 %.

 5650 Solingen, Schützenstr. 26, Verkaufsraum auf dem Werksgelände.

 0212/46286.

 Mo-Do 8.00-15.30 Uhr, Fr 8.00-11.30 Uhr.

 A 3 Köln-Oberhausen, Ausfahrt Solingen, B 229 Richtung Solingen-Zentrum.

Solingen

J.A. Henckels Zwillingswerke AG

Der Mercedes unter dem Messer

Unter den rund 30 Herstellern von Schneidwerkzeugen, die es in der Klingenstadt Solingen gibt, sind die Zwillingswerke die Nobeladresse. Vom Renommee her können die Dreizackwerke noch mithalten, aber die verkaufen nicht ab Fabrik. Die Zwillingswerke unterhalten auch noch einen zweiten Werksverkauf: Düsseldorf, Schadowplatz. Sparen kann man im Werksgeschäft nicht viel, da selten 1b-Ware auf den Ladentisch kommt. Allerdings sind Auswahl und Beratung exzellent.

 Messer aus eigener Produktion, Bestecke, Isolierkannen als Zukauf von WMF u. a. Firmen.

 Handelsware, wenig 1b-Ware bei eigener Produktion.

 gering und nur bei fehlerhafter 1b-Ware aus eigener Produktion.

 5650 Solingen, Grünwalderstr., Verkauf auf dem Werksgelände.

 0212/882-0.

 Mo-Fr 9.00-17.00 Uhr.

 A 3 Köln-Oberhausen, Ausfahrt Solingen, B 229 Richtung Solingen-Zentrum.

Kierdorf Besteckfabrik

Vergoldet, versilbert oder aus Edelstahl

Ein Edelstahlbesteck der Spitzenqualität mit 40 Teilen ist direkt bei Kirdorf für ab 500 DM zuzüglich Mehrwertsteuer zu bekommen. Jedes Teil kann auch einzeln gekauft werden, was bei der großen Auswahl hier besonders reizvoll ist. So ist man in der Lage sich preiswert und seinen Bedürfnissen entsprechend auszustatten.

 Bestecke vergoldet, versilbert oder aus Edelstahl.

 alles 1. Wahl, Handelsware.

 z.B. Edelstahlbesteck komplett ab 500 DM + Mwst.

 5650 Solingen, Kattenberger-str. 174/176, Verkauf auf dem Werksgelände.

 0212/814018.

 Mo-Do 7.30-12.30 Uhr / 13.00-15.30 Uhr, Fr 7.30-12.00 Uhr.

 A 3 Köln-Oberhausen, Ausfahrt Solingen, B 229 Richtung Solingen-Zentrum, hinter den Gleisen links halten.

Knirps International GmbH

Der Kleine zum Aufspannen

In London gehört er zum Standard: Schwarzgrau, mit Krücke und mit Seide bezogen. Hier gehört er in die Tasche: Klein, zusammengeklappt und in allen Farben. Knirps International revolutionierte die Schirmindustrie in den 50er Jahren mit seiner ausgeklügelten Mechanik, die es ermöglichte, den Regenschutz auf ein Drittel seiner Länge zu klappen. Natürlich verkauft Knirps nicht nur Knirpse. Ab Schirmfabrik gibt es auch Stock- und Sonnenschirme.

 Schirme diverser Art.

 1a-Ware, Ware mit Produktionsfehlern.

 rund 50 %

 5650 Solingen-Weyer, Liebigstr. 6-8, Verkaufsraum auf dem Werksgelände.

 0212/393-0.

 Mo 15.45-16.45.

A 46 Düsseldorf-Wuppertal, Ausfahrt Haan-Hochdahl, durch Haan durch, dann Richtung Solingen-Weyer.

Steinfurt-Borghorst

Hahn Haustextilien GmbH

Satin aus Steinfurt

Edle Stoffe knistern im Verkaufsraum auf dem Werksgelände. Und das Preisbarometer knistert auch: manche Bettbezüge sind rund 35 % preiswerter als im Geschäft. Bezüge und Spannlaken aus Satin, Jersey und Baumwolle sind im Angebot. Sie passen auch auf französische Betten. Außerdem gibt's alles, was aus Frottee ist: Bademäntel, Hausmäntel, Dusch- und Badevorleger, Handtücher.

 Bettwäsche in Satin, Jersey und Baumwolle etc.

 Kollektionsware und 1b-Ware mit kleinen Fehlern.

 35 %.

 4430 Steinfurt-Borghorst, Altenbergerstraße 93, Verkaufsraum auf dem Werksgelände.

 02552/3935.

 Mo-Do 14.00-17.00 Uhr, Fr 9.30-12.30 Uhr.

 A 1 Dortmund-Bremen, Ausfahrt Münster-Nord, B 54 Richtung Steinfurt.

Stolberg

Dalli Werke Mäurer & Wirtz GmbH

Düfte aus der Lagerhalle

Süße und herbe Düfte guter Parfums schweben in der Lagerhalle, Badezusätze lagern in den Regalen der Dalli-Werke. Hier entstehen die Mixturen für Azzaro, Montana, Nonchalance und Tabac original. Ebenso Waschmittel – alles 1a-Ware, jedoch mit 30 % Ersparnis zu haben. Von Stolberg aus können interessante Besichtigungsfahrten unternommen werden: in den Westen nach Aachen, in den Osten zum Wehebach-Stausee.

Parfumerien und Kosmetika, Wasch- und Reinigungsmittel.

 Handelsware.

 25-30 %.

 5190 Stolberg/Rheinland Zweifallerstr. 120, Verkauf auf dem Werksgelände.

 02402/8900.

 Mi 16.30-18.00 Uhr.

 A 4 Köln-Aachen oder A 44 Düsseldorf-Aachen, AK Aachen Richtung Stolberg.

gebot schon mal knapp werden. Aber Kerzen werden ja nicht schlecht.

 Kerzen aller Art.

 1. Wahl-Ware, 1b-Ware mit Produktionsfehlern.

 20 %, bei größeren Abpackungen mehr.

 4172 Stralen 1, Eichendorfstr. 3/5, Verkauf auf dem Werksgelände.

 02834/6066.

 Mo-Do 7.30-16.30 Uhr, Fr 7.30-12.00 Uhr.

 A 2 Duisburg-Venlo, Ausfahrt Wankum, Richtung Straelen.

Straelen

Gebr. Müller GmbH

Geburtstagskerze mit Spruch

Die individuelle Geburtstagskerze mit Kindsnamen und einem sinnigen Spruch fertigen die Gebrüder Müller. Das ist schön, aber davon kann kein Mittelbetrieb existieren. Deshalb gibt es in Straelen Kerzen aller Art: Haushaltskerzen, Teelichter etc. Vor den Feiertagen sollte man sich bei Müller frühzeitig eindecken, denn um diese Zeit kann das An-

Südlohn

Südlohner Frottierweberei

Handtücher mit und ohne Aufdruck

Die Preise schwanken: Frottierhandtücher ohne Aufdruck sind schon für 2 DM zu haben, bedruckte bis 25 DM. Meist liegt Bettwäsche, liegen Laken und Geschirrhandtücher in den Verkaufsregalen und alles läßt sich auch mit Scheck erwerben.

 Frottierwaren aller Art.

 Handelsware, teilweise auch 1b-Ware mit kleinen Fehlern.

 30-50 %, z.B. Handtücher ab 2 DM.

 4286 Südlohn 2, Breul 11, Verkaufsraum auf dem Werksgelände.

 02862/7101.

 Mo-Do 8.00-12.00 Uhr / 13.00-17.00 Uhr, Fr 8.00-12.00 Uhr / 13.00-15.30 Uhr.

 A 31 (Ostfriesenspieß), Ausfahrt Coesfeld/Gescher, B 525 Richtung Südlohn.

Sundern

A. Severin Elektrogerätefabrik

Die kleinen Helfer im Haushalt

Die Kaffee-Maschine, der Toaster, der Haarfön und die vielen Elektrokleingeräte sind in den letzten zwei Jahrzehnten zu unentbehrlichen Helfern im Haushalt geworden. Die Marke Severin erstritt sich auf dem Markt einen Namen mit preisgünstigen Produkten. Die Elektrogeräte sind direkt ab Fabrik mindestens ein Viertel günstiger als im Laden.

 Haushalts- und Elektrokleingeräte.

 Handelsware, 2. Wahl-Ware mit kleinen Schönheitsfehlern.

 25 %, noch mehr bei 2. Wahl-Ware.

 5768 Sundern, Röhre 27, Verkaufsraum auf dem Werksgelände.

 02923/82-0.

 Mo-Do 7.45-12.00 Uhr / 13.00-15.45 Uhr, Fr 7.45-12.00 Uhr.

 A 46 Arnsberg-Meschede, Ausfahrt Arnsberg-Hüsten, Richtung Sundern.

Sundern

sks metaplast Scheffer-Klute GmbH

Kunststoff-Produkte für das Fahrrad

Von sks kennt man die Fahrrad-pumpen. Sie sind zuverlässig und langlebig. Allerdings im Einzel-handel auch nicht gerade billig. sks produziert auch Fahrradhel-me, Schutzbleche und andere Kunststoffprodukte für das Rad.

 Fahrradpumpen, Fahrrad-helme.

 1. Wahl-Ware, teilweise auch 2. Wahl mit kleinen Schönheitsfehlern oder Aus-laufmodelle.

 20-25 %, bei 1b-Ware mehr.

 5768 Sundern, Hubertushal-le 4, Verkauf auf dem Werksgelände.

 02933/831-0.

 Mo-Do 7.00-12.00 Uhr / 13.00-15.45 Uhr, Fr 7.00-12.00 Uhr.

 A 46 Arnsberg-Meschede, Ausfahrt Arnsberg-Hüsten, Richtung Sundern.

Tönisvorst

Jolentex-Werke

Tischdecken aus Tönisvorst

Tischdecken aller Art für Tische aller Art. Auch für Gartentische gibt es ermäßigt bis zu 30 % Dek-ken. Teilweise finden sich Fehler in der Ware. Sie lagern in einer Halle auf dem Fabrikgelände. Tö-nisvorst liegt bei Krefeld. Ein kur-zer Trip in die „Hauptstadt des Niederrheins" ist empfehlens-wert. Krefeld hat einen schönen Zoo und in der Innenstadt viele nette Cafés.

 Tischdecken aller Art, Deko-stoffe.

 Handelsware, teilweise auch 1b-Ware mit kleinen Fehlern und Auslaufmodel-le.

 etwa 25-30 %.

 4154 Tönisvorst 1, Mays-weg 9, Verkauf auf dem Werksgelände.

 02151/70980.

 Mo-Fr 8.00-14.00 Uhr.

 A 57 Köln-Goch, Ausfahrt Krefeld-Oppum, B 9 Rich-tung St. Tönis/Tönisvorst.

Viersen

E. Zaspel GmbH

Für Kinder 1. Wahl

Nachmittags, wenn die Kinder aus der Schule oder aus dem Kindergarten gekommen sind, wird der Verkaufsraum auf dem Werksgelände geöffnet. Dann können Kinder rundum eingekleidet werden, zu einem Drittel Preisnachlaß. In den Größen 62 bis 152 gibt es hier Hosen, Anoraks, T-Shirts, Nickies, Kleider oder Röcke. Die Mode stammt aus der aktuellen Kollektion und kann auch mit Scheck bezahlt werden.

 Babykleidung, Kinderbekleidung für Jungen und Mädchen Gr. 62-152.

 1. Wahl-Ware aus der aktuellen Kollektion.

 über 30 %.

 4060 Viersen, Schiefbahnerstr. 11-13, Verkaufsraum auf dem Werksgelände.

 02162/93050.

 Mo-Do 14.00-18.00 Uhr, Fr 10.00-13.00 Uhr.

 A 61 Mönchengladbach-Venlo, Ausfahrt Viersen, Richtung Viersen/Hülsdonk.

Viersen

Gallus Herrenschuhfabrik Vogels GmbH

Die bequemen Leisten

Die Gallus Herrenschuhfabrik sitzt seit Jahrzehnten am Niederrhein und produziert dort urbequeme Schuhe. Die Bequemlichkeit schafft Gallus sogar bei den manchmal unabdingbaren schwarzen Glattlederschuhen. Denn in der Fabrik finden traditionelle Leistenmaße Anwendung. Das merkt der Kunde.

 Herrenschuhe.

 2. Wahl-Ware aus der aktuellen Kollektion.

 etwa 30 %.

 4060 Viersen, Kampweg 1 (Ladengeschäft vor dem Werk).

 02162/48050.

Mo-Fr 9.00-12.30 Uhr / 14.30-17.30 Uhr, Sa 9.30-12.30 Uhr.

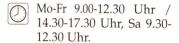 A 61 Mönchengladbach-Venlo, Ausfahrt Viersen, Richtung Dülken.

 4060 Viersen, Gerberstr. 43, Verkaufsraum auf dem Werksgelände.

 02166/5055.

 Mo-Fr 8.30-16.30 Uhr, Mi 8.30-18.00 Uhr.

 A 61 Mönchengladbach-Venlo, Ausfahrt Viersen, Richtung Viersen/Hülsdonk.

Viersen

Silberwarenfabrik Jäger

Das Tafelsilber vergolden lassen

Hier kann der Interessent „vergoldetes Tafelsilber" kaufen. Denn der Preis des guten Bestecks fällt hier um ein Drittel. Ein 70-teiliges Edelstahlbesteck, aufbewahrt in einer robusten Kassette, kostet 320 DM. Die Bestecke sind auch einzeln erhältlich. Auch gegen Scheck. Und danach lohnt sich eine Spazierfahrt durch die kleinen idyllischen Orte des Niederrheins.

 Bestecke führender Hersteller, die im Werk vergoldet oder versilbert werden, als Zukaufware auch Topfsets.

 Handelsware.

 etwa 25-30 %.

Warendorf

Beermann Parkett GmbH

Warendorfer Parkett

Alle möglichen Holzarten stapeln sich, verarbeitet zu Parkettböden, in der Warendorfer Lagerhalle. Hier kann auch mit Scheck gezahlt werden, und zwar 1. Wahl – Ware oder 1b-Ware mit kleinen Fehlern zu 20 DM pro Quadratmeter. Ansonsten: Holzböden mit einem Viertel Preisreduzierung sind in jedem Fall auf Lager.

 Parkett.

 1. Wahl-Ware, teilweise auch 1b-Ware.

 etwa 25-30 %.

4410 Warendorf, Beckumerstr. 9, Verkauf auf dem Werksgelände.

 Mo-Do 7.00-17.00 Uhr, Fr 7.00-12.00 Uhr.

 A 2 Oberhausen-Hannover, Ausfahrt Beckum, B 475 nach Warendorf oder A 1 Dortmund-Bremen bzw. A 43 Wuppertal-Münster, Ausfahrt Münster-Süd, B 51/B 64 Richtung Warendorf.

Wegberg

H. Wirtz GmbH

Klassik am Freitag

Klassische Herrenhosen und Freizeithosen in den gängigen Größen kurz vor der niederländischen Grenze. Das Werkstor öffnet sich Interessenten nur am Freitagnachmittag. Wenn das Wetter gut ist, lohnt sich ein Wandertrip durch Wälder und Felder zwischen Orten mit so prosaischen Namen wie Erkelenz, Jackerath oder Hückelhoven.

 Herrenhosen im klassischen Stil, Freizeithosen.

 ausschließlich 1b-Ware mit kleinen Fehlern aus aktueller Kollektion, Musterteile in den Größen 48 und 50.

 etwa 25 %.

 H. Wirtz GmbH, 5144 Wegberg-Rath-Anhofen, Rochusstr. 33-39, Verkaufsraum auf dem Werksgelände.

 02431/80870.

 Fr 13.00-14.45 Uhr.

 A 61 Koblenz-Venlo, Ausfahrt Mönchengladbach-Holt, Richtung Wegberg oder A 46 Hückelhoven-Düsseldorf, Ausfahrt Erkelenz, Richtung Erkelenz/Wegberg.

Wenden

Fahrradwerke Emil Niklas GmbH

Eigentlich Einzelhandel

Ein Unterschied zu Einzelhandelspreisen besteht im werkseigenen Geschäft an der Hünsborner Straße nicht. Trotzdem meinen viele

Kunden, daß es sich lohnt, hier-
hin zu kommen. Das Angebot sei
sehr gut, und bei Fahrrädern mit
Lackschäden oder Auslaufmodel-
len könne man auch Preisnachlässe bekommen. Erlebt haben wir
das nicht.

 Fahrräder für Frauen, Männer und Kinder, Tourenrä-
der, Mountainbikes, Rennrä-
der etc.

 1. Wahl-Ware, teilweise
auch 2. Wahl mit kleinen
Schönheitsfehlern oder Auslaufmodelle.

 Einzelhandelspreise.

 5963 Wenden, Hünsborner-
str. 31, Ladengeschäft vor
dem Werksgelände.

 02762/4050 (02762/5041 Ladengeschäft).

 wie Einzelhandel.

 A 45 Dortmund-Frankfurt,
AK Olpe-Süd, Ausfahrt
Wenden.

Posseik Möbelfabriken

Garderobe gefällig

Posseik produziert sogenannte
Kleinmöbel, die manchmal gar
nicht mehr so klein geraten. Gar-
derobensysteme für den Flur
oder die Diele können ganz schön
ins Geld gehen. Da ist es gut,
wenn man bei Posseik mit bis zu
30 % Ersparnis rechnen kann. Übrigens ist hier auch ein Phonowa-
gen oder ein Beistelltisch zu bekommen.

 Kleinmöbel, Garderoben
etc.

 Handelsware, teilweise
Ausstellungsstücke und
auslaufende Modelle.

 25-30 %.

 5632 Wermelskirchen 1, Industriestr. 8, Verkauf auf
dem Werksgelände.

 02196/9500-0.

 Mo-Do 8.00-12.00 Uhr /
12.30-16.30 Uhr, Fr 8.00-
12.00 Uhr, Sa 9.00-11.00
Uhr.

 A 1 Köln-Dortmund, Aus-
fahrt Schloßburg/Wermels-
kirchen.

Willich

Jakob Krebs Tuchfabrik

Feines Tuch vom Niederrhein

Was heute meistens schnöde als Stoff bezeichnet wird, heißt in Willich noch Tuch. Qualität zu vernünftigen Preisen. Aus den hochwertigen Stoffen fertigt die Fabrik dann gleich Herren-Anzüge, Sakkos und Damenhosen für die Marken Levis und Brax. Im Verkaufsraum auf dem Werksgelände findet sich die 2. Wahl aus der aktuellen Kollektion, Herrenanzüge ab 90 DM.

 Stoffe und Tuch, Herren-Anzüge, Hosen, Sakkos, Damenhosen.

 2. Wahl aus aktueller Kollektion.

 z.B. Herrenanzüge ab 90 DM.

 4156 Willich-Anrath, Jakob-Krebs-Str. 124, Verkauf auf dem Werksgelände.

 02156/48000.

 Mi u. Fr 13.00-18.00 Uhr.

 A 52 Düsseldorf-Mönchengladbach, AK Neersen A 44 Richtung Krefeld, Ausfahrt Willich/Neersen.

Wipperfürth

Gustav Braun Damenmantelfabrik

Der nächste Winter kommt bestimmt

Warme Jacken und Mäntel für Frauen produziert Gustav Braun, aber auch Sommerware und Kostüme. Die Damenmantelfabrik näht für eine Reihe von großen Bekleidungshäusern in Nordrhein-Westfalen die jeweiligen Hausmarken. Als Preisvergleich: einen Wintermantel, Größe 42, gibt es ab 420 Mark.

 Damenoberbekleidung.

 1. Wahl-Ware, selten 2. Wahl-Ware.

 etwa 20 %.

 5272 Wipperfürth, Kaiserstr. 3, Verkaufsraum auf dem Werksgelände.

 02267/4382.

Mo-Fr 8.30-12.30 Uhr / 13.00-18.00 Uhr, Sa 9.00-12.00 Uhr.

 A 1 Köln-Dortmund, Ausfahrt Remscheid oder Ausfahrt Schloß Burg-Wermelskirchen, B 237 Richtung Wipperfürth.

Wülfrath

Mohikan/Kinderbekleidung Lipke

Für kleine Mohikaner

Eine Kinderhose für 15 DM oder ein Kinderanorak für 35 DM – das sind zwei Angebote von vielen bei Mohikan in Wülfrath. Kinderkleidung der Größen 92-182 produziert die Bekleidungsfabrik. Gegenüber dem Ladenpreis können Kunden bis zu 30 % einsparen. Bei Kleidung mit Web- oder Farbfehlern kann es auch schon mal mehr sein.

 Kinderoberbekleidung Gr. 92-182.

 1. Wahl, 2. Wahl mit kleinen Webfehlern.

 etwa 25-30 %.

 5603 Wülfrath, Röntgenstr. 9, Verkaufsraum auf dem Werksgelände.

 02058/78000.

 Mo/Mi 15.00-16.00 Uhr.

 A 46 Düsseldorf-Wuppertal, Sonnborner-Kreuz B 224 Richtung Wülfrath oder A 3 Köln-Oberhausen, Ausfahrt Ratingen/ Wülfrath, Nähe Güterbahnhof.

Wuppertal

Allround

Freizeitkleidung von der Wupper

Die Schwebebahn kennt fast jeder, aber der Wuppertaler Zoo ist ein Geheimtip. Gleiches gilt für die Freizeitkleidung von Allround, die unter dem Markennamen Triloban auf dem Markt ist. In einer Lagerhalle auf dem Werksgelände an der Albertstraße können Freizeit- und Jogginganzüge mit Abschlägen bis zu 25 % erstanden werden.

Triloban Freizeitanzüge, Jogginganzüge.

 1. Wahl und 1b-Qualitäten mit kleinen Fehlern.

 rund 25 %.

 5600 Wuppertal-Barmen, Albertstr. 43.

 0202/625150.

 Mo-Fr 8.00-17.30 Uhr (Arbeitszeit, unbedingt vorher anrufen, damit jemand im Verkauf ist).

 A 1 Köln-Dortmund, Ausfahrt Wuppertal-Ost/Schwelm, Richtung Barmen.

 Kosmetika, Wasch- und Reinigungsmittel.

 1. Wahl-Ware.

 25-30 %.

 5600 Wuppertal, Schwarzbach, Tor 3, Verkaufsraum auf dem Werksgelände.

 0202/6471-0.

 Di 13.00-16.00 Uhr, Mi 8.00-12.00 Uhr, Fr 9.00-12.00 Uhr.

 A 1 Köln-Dortmund, Ausfahrt Wuppertal Ost/Schwelm, Richtung Oberbarmen, dann Richtung Wichlinghausen oder A 46 Ausfahrt Wichlinghausen, Richtung Oberbarmen.

Wuppertal

Luhns GmbH

Kosmetika und Waschmittel

Windeln sind out bei Luhns. Die gibt es nicht mehr. Dafür aber hochinteressante Angebote bei Kosmetika für Damen und Herren. Zum Beispiel Pflegecreme und Rasierwasser. Außerdem produziert Luhns Waschmittel und verschiedene andere Reinigungsmittel. Der Pförtner hilft gerne weiter, wenn man einkaufen will.

Wuppertal

Piepenbrock Pyrotechnik

Hier knallt's

Im Wuppertaler Stadtteil Ronsdorf hat Knallerei Tradition. Bei der Piepenbrock Pyrotechnik ist die gesamte Palette für Sylvester zu bekommen. Gegenüber dem Einzelhandel kann man 25 % einsparen. Wer hier einkauft, benötigt allerdings die Genehmigung von seinem Ordnungsamt für das Feuerwerk. Außer zu Sylvester…

 Feuerwerkskörper aller Art, Wunderkerzen etc.

 Handelsware, ausschließlich 1. Wahl.

 25 %.

 5600 Wuppertal, Flügel Nr. 1, Verkauf auf dem Werksgelände.

 0202/460190.

 Mo-Do 8.00-12.30 Uhr / 13.00-16.30 Uhr, Fr 8.00-13.00 Uhr.

 A 46 Düsseldorf-Dortmund, Ausfahrt Wuppertal-Barmen, Richtung Barmen/Rondorf oder A 1 Köln- Wuppertal, Ausfahrt Wuppertal-Süd, Richtung Rondorf.

Wuppertal

Vorwerk & Co

Wie vom Vertreter

Hier kann in den seltensten Fällen eine Mark gespart werden. Vorwerk verkauft fast nur 1. Wahl-Qualität und gibt daher lediglich 2 % Skonto bei Bar-

zahlung. Aber in dem Verkaufsraum auf dem Werksgelände steht die gesamte Vorwerk-Palette zur Ansicht und zum Ausprobieren zur Verfügung. Das kann kein Vertreter bieten. Und manchmal sollen auch Vorführgeräte abgegeben werden. Jedenfalls ein Tip für Wuppertaler oder Wuppertal-Besucher.

 Staubsauger und Bodenreinigungsgeräte.

 fast ausschließlich 1. Wahl, keine Fehlerware.

 2 % Skonto bei Barzahlung, Verhandlungssache.

 5600 Wuppertal-Barmen, Mühlenweg 17-37, Verkaufsraum auf dem Werksgelände.

 0202/564-0.

 Mo-Fr 8.00-12.30 / 13.00-15.15 Uhr.

 A 1 Köln-Dortmund, Ausfahrt Wuppertal-Ost/Schwelm, Richtung Barmen.

Zülpich

Zülpicher Strickwaren-fabrik

Zülpicher Tennissocken

Alle 14 Tage wird in Zülpich das Werkstor geöffnet: Dann wird 1. Wahl-Ware und 1b-Ware für die Füße angeboten. Socken, Kniestrümpfe, Strumpfhosen, aber auch zugekaufte T-Shirts in allen Größen für die ganze Familie. Für Flaneure: ein Katzensprung weit östlich liegt Köln. Für Wanderer: ein Stückchen weiter westlich liegt der Rur-Stausee.

 Strümpfe, Strumpfhosen, Kniestrümpfe, Socken für Damen, Herren und Kinder, T-Shirts und Unterwäsche.

 1. Wahl-Ware, 1b-Ware mit kleinen Fehlern.

 z.B. 5 Paar Herren-Tennissocken für 6,50 DM, 3 Herren-Slips für 4,50 DM, 1b-Herrensocken ab 0,50 DM.

 Zülpicher Strickwarenfabrik, 5352 Zülpich, Chlodwigstr. 9-17, Verkaufsraum auf dem Werksgelände.

 02252/303-0.

 alle 14 Tage Sa 9.00-12.00 Uhr.

 A 1 Köln-Blankenheim, Ausfahrt Euskirchen, B 56 bis Zülpich.

Oilily Fashion

Top-Mode für die Kids

Die knallbunten Klamotten für die Kids aus dem niederländischen Alkmaar sind heiß begehrt. Gelb-Rot und kleingemustert gehen auch viele junge Frauen gerne unter die Leute. Allerdings gehört Oilily-Kleidung zu den teureren Textilien. Das muß nicht sein. Am Stammsitz der Firma in Alkmaar kann man oder frau im Einkauf ab Werk so manches Schnäppchen mitnehmen. Dort gibt es Kleidung für Kinder, Mädchen und Frauen, Fehlerware aus der laufenden Kollektion und Rücklaufware aus dem Vorjahr. Zudem verkauft Oilily dort auch Stoffe und Knöpfe.

 Kleidung für Kinder und Frauen sowie Stoffe und Knöpfe.

 2. Wahl, Vorsaison-Ware.

 50 % und mehr.

NL/Alkmaar, Oude Gracht
20, Werksladen.

 0031-72-662266

 Mo-Fr 10.00-18.00 Uhr, Sa
10.00-13.00 Uhr.

 A 3 Oberhausen-Arnheim,
Arnheim-Amsterdam, Rich-
tung Alkmaar/Den Helder,
in Alkmaar Zentrum/Käse-
markt, dort parken und auf
den Stadtplan schauen, 5
Minuten Fußweg bis Oude
Gracht.

Warenverzeichnis

Firmenverzeichnis

Rainer Korte/Silvia Gregarek

Spitzen Spiele

Die 77 besten Tisch- und Brettspiele
144 Seiten, mit zahlreichen
Abbildungen, DM 14,80
ISBN 3-89425-250-2

Spiele machen Spaß. Gute Tisch- und
Brettspiele sind eine feine Sache für
jung und alt, für Familien und
Gruppen, für Feten und Freizeiten.
Aber wie kann man sich angesichts
des schillernden Angebots im
Spiele-Dschungel überhaupt noch
zurechtfinden? Dieser Ratgeber hilft,
die Spreu vom Weizen zu trennen.
Prof. Dr. Rainer Korte und Dipl. Soz.
Päd. Silvia Gregarek stellen hier die
77 besten und bewährtesten Tisch-
und Brettspiele der letzten Jahre
ausführlich vor. Dank ihrer Tätigkeit
an der Fachhochschule konnten die
Autoren in völliger Unabhängigkeit
von den Interessen der
Spiele-Hersteller ihr sachkundiges
Urteil abgeben. Die Bewertung ist
detailliert und für jeden Spieler
nachvollziehbar.

grafit

I. Inderwisch/M. Waldmann

Der Pott

Erlebnisreiseführer durchs Ruhrgebiet
185 Seiten, 50 Abbildungen, DM 19,80
ISBN 3-89425-016-X

Das Ruhrgebiet ist eine Region mit
vielen unbekannten Seiten: Kennen
Sie die "Straße der Sinne"? Wissen Sie,
wo Japaner Zeppeline bauen lassen?
Erleben Sie eine Skulpturenrundfahrt
mit der größten WC-Reklame der
Welt! Oder genießen Sie die Aussicht
von der schönsten Halde an Rhein
und Ruhr!
Dieser Reiseführer lädt Sie ein zur
originellen und sanften Erkundung
des Reviers - unter und über der Erde,
in der Luft und auf dem Wasser.

"Überhaupt: Das Buch ist voller
Überraschungen."
(Freizeit und Reise)
"Der erste Reiseführer, der mir als
Eingeborenem beim Lesen Spaß
gemacht hat."
(Werdener Nachrichten)"
"...ein Buch, das aufräumt mit
Vorurteilen und gefährlichem
Halbwissen."
(WAZ, Bochum)

grafit

GrafiTäter und GrafiTote